Lektorat: Gudrun Schury, Bamberg
Umschlag und Satz: Jürgen Schütz
Druck und Bindung: Florjančič tisk d.o.o.
Printed in the EU

ISBN: 978-3-99120-015-4
www.septime-verlag.at
www.facebook.com/septimeverlag | www.instagram.com/septimeverlag

Markus Bundi

Denkzettel

Betrachtungen
zur Lage der Gesellschaft

Denkzettel

Im späten Mittelalter soll es »Gedenkzettel« gegeben haben. Das waren schriftliche Vorladungen, um vor Gericht auszusagen. »Denkzettel« hingegen wurden ursprünglich in Klosterschulen Sündern um den Hals gehängt; auf den Papieren waren die Missetaten notiert. Unangenehm für den Behängten, kein schöner Anblick für alle andern, die sich womöglich nicht anders zu helfen wussten, als mit Spott und Häme Entlastung zu schaffen.

Die Gesellschaft ist verbindlich auf die eine oder andere Weise, und zwar für jede und jeden; sie ist unsere Wirklichkeit. Wir sind Teile dieses Ganzen, halten uns an Vorstellungen: »Menschenrechte wie Freiheit und Gleichheit sind solche Fiktionen, denn sie existieren nicht in der Natur. Kein Grashalm, kein Hering und kein Wüstenfuchs hat ein Recht auf irgendwas«, hält Philipp Blom in seinen Rekapitulationen zum *Großen Welttheater* (2020) fest. Die Bretter, auf denen wir uns bewegen, sind kein sicheres Fundament, geschweige denn eines, das wir objektivieren könnten.

In seiner Streitschrift *Ich leide, also bin ich* (1996) behauptet der französische Philosoph Pascal Bruckner: »Wir äffen unsere Kinder nach, und sie kopieren uns.« Vielleicht ist es höchste Zeit, den Menschen aus seiner selbstverschuldeten Ungeselligkeit zu führen.

Jemandem einen Denkzettel zu verpassen, kommt einer Bestrafung gleich, es geht nicht nur um Ermahnung oder Zurechtweisung, da schwingt Vergeltung mit. Wer will, kann die folgenden Denkzettel auf diese Weise lesen. Meine Intention ist allerdings eine andere; Rationen im Sinne von

Wegzehrungen sollten es werden, Fragmente sind es geblieben, und am Ende des Textes steht zuweilen unsichtbar: »Guten Morgen!« oder »Gute Nacht!«

Menschenfressende Löwen

Im Jahr 2008 griffen in einem kleinen Dorf der Provinz Cabo Delago im Norden Mosambiks Löwen erstmals Menschen an. Vielleicht lag es daran, dass man den Bestand der Beutetiere zu sehr reduziert hatte, vielleicht gab es auch andere Gründe. Innerhalb weniger Wochen fielen mehr als ein Dutzend Menschen den Raubkatzen zum Opfer. Aus der Hauptstadt Maputo wurde ein erfahrener Jäger bestellt, um dem Morden ein Ende zu setzen.

Im Dorf herrschen prekäre Zustände: Armut grassiert, Alkohol regiert. In Kulumani weiß man, dass der Himmel noch nicht fertig ist: »Es sind die Frauen, die seit Jahrtausenden an diesem grenzenlosen Schleier weben. Wenn ihr Leib sich wölbt, kommt ein Stück Himmel hinzu. Umgekehrt schrumpft dieses Stück des Firmaments wieder, wenn sie ein Kind verlieren.« Muss ein Mann das Dorf für einige Zeit verlassen, näht er der Frau mit Nadel und Garn die Vagina zu. *Kusungabanga* heißt dieses Ritual, das ab und an eine tödliche Infektion nach sich zieht.

»Hüte dich vor den Löwen. Aber hüte dich noch mehr vor der Ziege, die in der Höhle des Löwen wohnt«, lautet ein afrikanisches Sprichwort. Wie das Wasser die Steine rundet, formt die Frau die Seele der Männer, so sagt der Glaube, so spricht die Hoffnung. Eine Frau, die schreiben kann, erweckt Argwohn, und »eine unfruchtbare Frau ist in Kulumani weniger wert als eine Sache«. Die Toten, auch das weiß man im Dorf, leben im Dämmerlicht; »die einzige Möglichkeit, nicht mehr da zu sein, ist der Wahnsinn«.

Kulumani gibt es nicht. Dieses Dorf ist der fiktive

Handlungsort von Mia Coutos Roman *Das Geständnis der Löwin* (2014). Wer allerdings liest, weiß: Kulumani gibt es.

Und Mozambik gibt es, wie die Enthüllungen krummer Geschäfte der Credit Suisse mit gewichtigen Unternehmern und Angehörigen der politischen Elite in Maputo im Herbst 2021 unzweifelhaft belegen. Die Korruptionsaffäre soll die Großbank knapp eine halbe Milliarde Schweizer Franken gekostet haben (so einigte man sich mit der amerikanischen Börsenaufsicht SEC, dem Justizministerium in Washington und der britischen Aufsichtsbehörde Financial Conduct Authority auf eine sogenannte Globallösung). Affaire à suivre.

In der Provinz Cabo Delago, wo Coutos Roman spielt, treiben inzwischen, wir schreiben das Jahr 2022, nicht mehr Löwen ihr Unwesen. An ihrer Stelle haben sich vor Ort islamistische Terroristen eingenistet. Nicht an ihrer Stelle, ein solcher Vergleich wäre inadäquat, die Grausamkeiten der Wirklichkeit passen nicht zwischen zwei Buchdeckel.

Faktum

»Fakten sind immer sinnlos; ihre Überschätzung gehört zur Diagnose der Zeit«, schrieb Albrecht Fabri – im Jahr 1950. Die Aussage stammt aus einem kleinen Aufsatz mit dem Titel *Ein Mann liest Zeitung*. Fabri gibt ein Beispiel: »›Position 56,20 nördlicher Breite, 6,25 östlicher Länge. Schiff leckt, schwere Schlagseite.‹ – Der *Inhalt* des Vorgangs ist in dieser Nachricht restlos verflüchtigt.« Die Konsequenz daraus: »Das Faktum ist nicht nur nicht die Realität, sondern geradezu ihre Entleerung von dem, was sie allererst real macht.«

Factum meint nun mal das »Gemachte«. Dem Autor geht es aber um mehr als Etymologie; der Aufsatz schließt mit der Erkenntnis: »Was die Zeitung ihrem Leser an Welt liefert, ist das Surrogat für den Verlust von Welt.« Ein behelfsmäßiger Ersatz? – Friedrich Georg Jünger schaute seinerseits den Wörtern auf die Buchstaben, beschrieb in seinem Traktat *Sprache und Kalkül* (1962) den Abstraktionsprozess, den die Sprache nimmt, ausgehend vom »Ding« zur »Sache« und zum »Gegenstand« bis hin zur »Funktion«.

Ich kann die Unterwasserwelt nur erfahren, wenn ich abtauche, mich womöglich in einem Fischschwarm wiederfinde, dann genauer hinschaue, ein einzelnes Exemplar in den Blick nehme, dieses abfotografiere und, wieder aufgetaucht, am Computer identifiziere als – Dorsch. Dieser Prozess lässt sich freilich beschleunigen, indem ich mir eine Portion Fischstäbchen einverleibe. Wenn das, was ich da grad esse, *Fischstäbchen* heißt und nicht nur einfach *Sticks*, bekomme ich wenigstens eine Ahnung vom Ursprung, eine

Vorstellung von jenem Ding, von etwas Lebendigem, das am Anfang stand, von dem Ort, wo es eigentlich hingehört. In rechteckige Klötzchen zugeschnitten und paniert, normiert und tiefgekühlt, erkenne ich lediglich noch die Funktion.

Wie viele Kinder lieben *Chicken Nuggets* und haben noch nie ein lebendiges Huhn gesehen, geschweige denn angefasst?

Faktum und Funktion, Ereignis oder Ding. Die Entfremdung hat eine Distanz erzeugt, die immer seltener eine Beziehung sichtbar werden lässt. – Zu diesem Schluss kamen Fabri und Jünger Mitte des 20. Jahrhunderts. Das bezeichnete Übel hat also mit der Digitalisierung nichts zu tun. Es bestand schon davor. Das gilt es genauer zu bedenken.

Die Passage

Vor langer, langer Zeit versammelte sich eine Schar Unentwegter, die geballte Hoffnung einer Gemeinschaft, vor jenem sagenumwobenen Tor, das zu berühren verboten war. Zwei Gestalten, die Gesichter hinter Kapuzen verborgen, brachen Siegel und Schlösser. Als der Weg jedoch frei war, wagte niemand den ersten Schritt.

Einer warf eine Fackel ins Dunkel, erkennen ließ sich aber kaum etwas. Das Innere blieb unergründlich. Waren zuvor noch Gruppen gebildet und Absprachen getroffen worden, hielt plötzlich wieder ein jeder an sich, überprüfte den Proviant, blickte um sich, band sich die Schuhe ein weiteres Mal. Eine der Frauen verließ den Ort mit ihrem Kind auf dem Arm, dem Vernehmen nach lachte sie. Andere folgten ihr, schweigend. Nach und nach verliefen sich die Menschen, bis vor dem Tor lediglich drei übrigblieben, die man heute die drei Weisen nennt. Denn sie kamen überein, das Tor nicht nur wieder zu schließen, sondern auch den Ort aus aller Gedächtnis zu tilgen.

Seither gibt es nur noch die kleine Passage, welche jede und jeder für sich durchschreiten muss, die so eng bemessen ist, dass man, einmal unterwegs, nicht mehr kehrtmachen kann – und unweigerlich den Geist aufgibt.

Wir brauchen einander: »Der Mensch ist das einzige Wesen, das sich einsam weiß, das einzige, das nach dem ›andern‹ sucht«, schreibt Octavio Paz. Geborgenheit bedingt ein Gegenüber. Womöglich war diese Not der tiefere Grund, warum der Mensch überhaupt zur Sprache kam und sich für das zeitweilige Fehlen des andern Stellvertreter schuf – wie zum Beispiel den Gartenzwerg, Papa Schlumpf oder Meister Yoda. Leicht verfügbare Substitute für ein fehlendes menschliches Gegenüber.

Einst hatten Schlüssel Bärte; den mächtigsten trug, so meine Kindheitserinnerung, derjenige zum Tresor der Eltern im Keller. Die Bärte verschwanden zugunsten schmaler phallischer Metallstifte, inzwischen ermöglichen Plastikkarten den Zugang.

Physiognomische Eindrücke prägten die menschliche Wahrnehmung. Das uns bekannteste Gesicht dürfte die Steckdose sein. Ein Muster an Verlässlichkeit. Und sollte die eine ausnahmsweise nicht funktionieren, so tut es eben die andere. Ob Schul-, Hotel- oder Wohnzimmer, an Steckdosen herrscht selten Mangel, wenngleich nur wenige Menschen erklären können, was hinter dem Antlitz aus Plastik vorgeht, was denn Strom ist. Sollte uns eines Tages der Saft ausgehen, wird Ratlosigkeit herrschen.

Neuerdings kommt es nicht mehr darauf an, was ich sehe, sondern dass ich gesehen werde. Damit der Zugang zum eigenen Smartphone gewährleistet ist, muss die Software mein Gesicht erkennen. Felix Philipp Ingold spricht in seinem erhellenden Werk *Körperblicke* (2019) von einem

»pleonastisch leerlaufenden Vorgang«. Wir spielen nicht mehr länger *Ich sehe was, was du nicht siehst*, das Spiel wird mit uns gespielt. Wo aber bleibt die Geborgenheit?

»Auf dem tiefen Grund des Denkens meldet sich das ›Für-den-Anderen‹ zu Wort, anders gesagt, die Güte, die Liebe zum Anderen, die geistiger ist als die Wissenschaft.« – Wenn Emmanuel Lévinas von der »Anerkennung der Heiligkeit« spricht, von dem, was Ethik für ihn ausmacht, rückt er die Sprache in den Fokus, denn »sie wendet sich immer dem Anderen zu«.

Das Smartphone allerdings ist auf kein einziges Wort angewiesen, es verlangt lediglich blinden Gehorsam.

Sie hätte ihrer Funktion als Ehrenpräsidentin, vornehmlich dazu da, Hände zu schütteln, zu antichambrieren, allenthalben Freundlichkeiten auszutauschen, durchaus auch in diesem Fall nachkommen, ja mehr noch, der Dringlichkeit wegen sich durchaus auf Unliebsamkeiten einlassen wollen, als sie der Buchhalter eines Morgens völlig überraschend um ein, wie er ankündigte, »sehr dringliches Gespräch« bat.

Sie fürchtete Korruption, erotische Händel, sexuelle Belästigung gar, alles Mögliche, doch der für die Zahlen verantwortliche Mann, kaum zu Atem kommend, als er in ihrem Büro Platz genommen hatte, meinte lediglich, er habe in den zweieinhalb Jahren, während derer er nunmehr mit der Buchhaltung betraut sei, nie auch nur einen Blick darauf geworfen, wisse also in keiner Weise, wie die Zahlen stünden, fühle sich abgrundtief schlecht, weil er doch alle, jede und jeden getäuscht habe, und jetzt, da die Fakten demnächst auf den Tisch kämen, keinerlei Rechenschaft ablegen, geschweige denn Auskunft geben könne über den Stand der Dinge, so dass er weder ein noch aus wisse, am liebsten im Erdboden versänke, und dies auf der Stelle, aber doch zum Schluss gekommen sei, sie, die Ehrenpräsidentin der Stiftung, über sein anhaltendes Nichtstun in Kenntnis zu setzen.

Weil auch nach mehreren Anstrengungen kein Fehler zu entdecken war, habe sie versucht, den Buchhalter zu erreichen, mehrfach. Vergeblich. Er sei umgezogen und wohl darauf bedacht gewesen, keinerlei Spuren zu hinterlassen. So – in etwa – fasste die Frau den Abgang des für die Zahlen

Verantwortlichen in der Sitzung des Stiftungsrates zusammen, bevor sie freudig dessen Nachfolger präsentierte. Sie sprach von einem Glücksfall und vergaß auch nicht, sich selbst zu loben.

Was die Überprüfung der Zahlen anlangt, hatte die Präsidentin allerdings gelogen, von Amtes wegen. Unruhe zu stiften, stand noch nie auf der Traktandenliste. Die einen gingen, andere kamen, einige blieben.

Statistiken lügen nicht

Steven Pinker, Professor für Psychologie in Harvard, darf man getrost als Fortschrittsoptimisten bezeichnen, obschon er selbst der Bezeichnung »leidenschaftlicher Possibilist« den Vorzug gibt. Mit unermüdlicher Akribie hat er in seinem über tausendseitigen Epos *Gewalt. Eine neue Geschichte der Menschheit* (2011) anhand einer Vielzahl von Statistiken dargelegt, dass die Gewalt über die Jahrtausende hinweg zuweilen unstetig, aber doch mit eindeutiger Tendenz abnahm, dass die Menschheit ergo immer friedfertiger wird und jede andere Wahrnehmung auf einem Irrglauben beruht.

Diesem Irrglauben wirkt seit gut zweihundert Jahren die Aufklärung entgegen, der Fortschritt. »Heute ist die Welt etwa hundertmal wohlhabender als vor zweihundert Jahren, und der Wohlstand verteilt sich immer gleichmäßiger auf die Länder und Menschen der Welt«, hält der Wissenschaftler in *Aufklärung jetzt. Für Vernunft, Wissenschaft, Humanismus und Fortschritt* (2018) fest. Das ist großartig! Und er doppelt nach: »Das Leben ist in jeder Hinsicht sicherer geworden« beziehungsweise: »Die Menschen werden nicht nur gesünder, reicher und sicherer, sondern auch freier.« – Das klingt richtig gut, und man bekommt den Eindruck, die Zahlen sprächen für sich.

Ich glaube, dass das Bruttoinlandsprodukt nur wenig über den Zustand einer Gesellschaft aussagt; zum einen werden die erzielten Umsätze alles andere als gleichmäßig verteilt, zum andern liefern sie keinen Hinweis auf bestehende Vermögensverhältnisse und das damit einhergehende

Auseinanderklaffen von Arm und Reich. Abgesehen davon geben die Daten keinerlei Auskunft über den Gemütszustand des Einzelnen.

Die dargelegten Verhältnisse, die so mancher Interpretation Vorschub leisten, stellen eine Anzahl Betroffener einer Menge von 100‘000 gegenüber: zum Beispiel, dass die Selbstmordrate in der Schweiz zwischen 1881 und 2013 sich nahezu halbiert habe, von 24 auf 12,2. Im selben Zeitraum allerdings, und das verschweigt uns der Optimist, hat sich die Bevölkerungszahl in der Schweiz mehr als verdreifacht – die absolute Zahl der Suizide also zugenommen. Dunkelziffern gibt es in Pinkers hell erleuchteter Welt keine. Was zu welcher Zeit als Selbstmord taxiert beziehungsweise registriert wurde, was womöglich nur auf nachträglichen Schätzungen beruht, darüber kann man trefflich schweigen.

Will man eine Gesellschaft beschreiben, helfen Zahlen nur bedingt; die Quantitäten scheitern an der Vorstellung *und* an der Wirklichkeit.

Die Menschheit sei um ein x-faches wohlhabender geworden, heißt es, doch zirka 700 Millionen leben in extremer Armut. Vielleicht 70 Millionen Kinder haben derzeit keinen Zugang zu Bildung. Statistiken lügen nicht. Was folgt daraus?

Einstimmen

Wenn ich etwas sage, sage ich, was ich sage.

Könnte ich sagen, was ich meine, beherrschte ich eine Sprache, die es nicht gibt.

Käme das Sprechen vor dem Meinen, gäbe es nichts zu sagen.

Was geschieht, geschieht. Wir haben nichts zur Hand, was uns zwischen Ursache und Wirkung unterscheiden ließe.

Unwägbarkeiten erfordern Zeit, und deswegen reden wir. Sinn voraussetzen ist der Ursprung des Sprechens.

Wir schauen zu, mischen uns ein oder auch nicht. Das macht Erfahrung.

Jedes Sprechen ist der Versuch, sich einen Kopf zu geben. Hauptsache und Behauptung in einem.

Gebe ich Laut, stimme ich an.

Ein Versprechen ist ein Versprechen; wenn ich spreche, verspreche ich mich.

Wir bilden uns ein Ganzes (ein).

Wenn ich spreche, weise ich jede Schuld von mir. Das ist der Widerspruch.

Sage ich etwas, sage ich etwas, damit es jemand hört.

Wir atmen nicht, um zu sprechen, wir sprechen, um weiter zu atmen.

Das Erzählen ist ein Geschehnis für sich.

Schein und Schrein, jedes Wort.

Wir versagen uns.

So spricht es (sich) weiter.

Wir nannten ihn Häuptling *Schmelzende Socke*, wenn er Schweißfüße hatte, oder Häuptling *Grätschender Elch*, wenn er kompromisslos, beinhart wie Claudio Gentile, verteidigte. Das war im Sommer 1982, als Italien zum dritten Mal Weltmeister wurde, und das war, lange bevor einer mit dem Wolf tanzte. Eine Horde dreizehnjähriger Jungs, plus minus, wir waren drauf und dran, das eigene und das andere Geschlecht zu entdecken. Im Freibad lief in den Kassettenrecordern *Juke Box Hero* rauf und runter, wir drehten unsere Runden um den Tischtennistisch, in der einen Hand den Schläger, in der anderen das Soft-Ice, oder wir kürten den König des Tages vom Dreimeterbrett.

Wir machten uns einen Spaß daraus, unter der Dusche jenen Rabbi herbeizuzitieren, der vorbeigeschnitten hatte, weil es sein erster Arbeitstag gewesen war, und einige würden bald selbst Erfahrungen mit jenem Stoff im zu rollenden Papyrus machen, den die lustigen Helden am Streitwagen festgemacht und angezündet hatten, um die römischen Soldaten abzuschütteln; denn so war Mel Brooks' verrückteste Geschichte der Welt.

Nebenbei, das versteht sich von selbst, wir waren in Kim Wilde verliebt, wir alle, ausnahmslos – mit Nena war da noch nichts.

Einer bestand auf den Namen *Joe Cool*, und er konnte Snoopys und Ottifanten zeichnen, ein anderer übte Gitarre und kündigte sich als kommender *Sultan of Swing* an. Und dann gab es da noch Häuptling *Langsamer Wurm*, der seinen Namen der Englischlehrerin verdankte, obwohl sie ihn nie als Blindschleiche bezeichnet hatte. Der Junge kämpfte mit Leseschwierigkeiten, brachte allerdings auch sonst kaum etwas auf die Reihe.

Es war das letzte Jahr, in dem wir einfach nur spielten. Im Winter noch verdrückte ich eine Träne, als E.T. nach Hause telefonierte; daran erinnere ich mich gut. Und danach? – Als wäre ich seither durch den Raum geschleudert worden; selten fand ich einen Halt, bis es mich wieder anderswohin katapultierte.

Die Häuptlinge von einst haben Federn gelassen, mit Ausnahme von *Langsamer Wurm*. Ihn sieht man gelegentlich im Fernsehen. Er ist Finanzexperte geworden, seine Einschätzungen sind gefragt. Der Mann hat es zu etwas gebracht, wir hatten ihn alle verkannt: Er ist kein Wurm, sondern eine Raupe gewesen, die sich als Schmetterling entpuppte.

Jetzt habe ich gelogen. Der Junge, der nichts auf die Reihe brachte, ertrank noch als Teenager beim Angeln. Von Selbstmord wollte niemand sprechen. So war das.

Ich hätte ihm die Karriere gegönnt. Wenigstens *eine* Erfolgsmeldung aus unserem Stamm, es muss ja nicht gleich Hollywood sein, die Wahrheit aber ist: keiner schaffte es. Kein Chefindianer Marke Costner, und also keiner, der für Thunfisch in der Dose Werbung machte. Ich mochte Kevin ja noch nie! – Jetzt aber, da sich meine Fahrt, die fünfzig überschritten, allmählich wieder zu verlangsamen scheint, neige ich dazu, die Dinge zurechtzubiegen, die Ereignisse meinerseits neu zu richten.

Was habe ich zu vermelden? – Immerhin so viel: Der Sommer '82 hatte es in sich, und die Schweißfüße sind mir bis heute geblieben. Gotta keep on rockin' – so ist das.

In William Shakespeares Komödie *Wie es euch gefällt* (um 1600 entstanden) steht, ein Mensch spiele mehrere Rollen: »Die allerletzte Szene, / Die diese seltsam ereignisreiche Geschichte beendet, / Ist die zweite Kindheit und bloßes Vergessen …«. In dieser Aussage steckt ein Geheimnis, spürt das Publikum, eine Faszination, die mit dem menschlichen Leben unmittelbar zu tun hat.

Womöglich schwingt jene Weisheit mit, die Aristoteles demjenigen zubilligt, der sich aufs Betrachten verlegt. Vielleicht hat dieser Zustand auch etwas mit der dritten Verwandlung zu tun, von der Friedrich Nietzsche in seinem *Zarathustra* (1883–1885) spricht: »Aber sagt, meine Brüder, was vermag noch das Kind, das auch der Löwe nicht vermochte? Was muss der raubende Löwe auch noch zum Kinde werden? – Unschuld ist das Kind und Vergessen, ein Neubeginnen, ein Spiel, ein aus sich rollendes Rad, eine erste Bewegung, ein heiliges Ja-sagen.« Wieder und wieder begegnen wir diesem Kind, es geht uns voraus, es folgt uns auf Schritt und Tritt. Einmal heißt es Oskar Matzerath und schlägt Günter Grass' *Blechtrommel* (1959), ein andermal öffnet Bastian das Buch *Die unendliche Geschichte* (1979) von Michael Ende.

»Er hat ja gar nichts an.« – So spricht das Kind bei der Parade in Hans Christian Andersens Märchen *Des Kaisers neue Kleider* (1837). Es geht nicht um den Blick für die nackten Tatsachen (den dürften alle haben), als vielmehr um das Aussprechen dessen, was Sache ist. In seinem Essay *Kaiser, Kleider, Kind* (2019) verweist Alfred Pfabigan auf

Andersens Urfassung des Märchens, in der das Kind nicht erscheint und der Kaiser zum Schluss kommt: »Dieses Gewand sollte ich wirklich jedes Mal anhaben, wenn ich in die Prozession gehe oder in der Volksversammlung auftrete!« – Was das Kind kann, scheint den Erwachsenen verwehrt. Wer sich aufs Betrachten beschränkt, spricht nicht mehr. Ist es ein der Not gehorchendes Vergessen, das uns am Ende der Vorstellungskraft beraubt?

Sieht so aus, als ginge mit dem Verlust der Unschuld der Verlust des unbestechlichen Blicks einher, gleichwohl lässt sich die Wiege der Gesellschaft ohne dieses Kind, was es letztlich auch immer bedeuten mag, nicht verstehen.

»Andere Tiere brauchen kein Lebensziel. Das Tier Mensch kommt, da es im Widerstreit mit dem eigenen Wesen lebt, nicht ohne ein solches Ziel aus. Könnte es nicht darin bestehen, einfach zu sehen, was ist?« – Mit diesem Vorschlag schließt John Gray seine Studie *Von Menschen und anderen Tieren* (2010) ab. Das Gesagte gemahnt an Ludwig Wittgensteins Aufforderung: »Denk nicht, sondern schau!«

Die Wege, welche die beiden Herren zu diesem Schluss führten, könnten jedoch unterschiedlicher nicht sein: Gray untersuchte vornehmlich die Fortschritte, die die Menschheit insbesondere im Bereich der Technik in den vergangenen Jahrhunderten erzielte, und zog das Fazit, dass der Mensch als Wesen keinen Schritt weitergekommen sei. Wittgenstein dagegen bemühte sich erst um eine Sprache, die möglichst frei von Missverständnissen den Wissenschaften zur Seite gestellt werden könne, gelangte aber zur Erkenntnis, dass kein logisches Korsett jemals die menschliche Sprache einzuzwängen in der Lage sei, da ihr wichtigsten Merkmal die Wandelbarkeit ist: »Sprache ist ihr Gebrauch.« Und er schloss, wie nebenbei, auch die letzte Hintertür, ließ den Traum von einer privaten Sprache platzen: Selbst wenn es gelänge, subjektive Empfindungen adäquat in Worte zu fassen, es würde sich um Laute handeln, die, jeder Sinnstiftung beraubt, kaum ein anderer verstände; der Träger der zu vermittelnden Inhalte ist das Medium, also die Sprache und nicht der Sprecher.

Simone Weil, Wahrheitssucherin und Widerstandkämpferin während des Zweiten Weltkriegs, plädierte dafür, den

Übergang »von der fixierten zur freien Aufmerksamkeit« zu üben. Für sie stand die Schönheit an vorderster Stelle, die Schönheit des Ganzen. – Freie Aufmerksamkeit, so stelle ich sie mir vor, hat mit Offenheit zu tun. Es geht um das, was ich empfange, nicht um das, was ich bekomme.

Auch Weils Rezept hat einen Schönheitsfehler. Aus welcher Motivation heraus auch immer jemand sich aufs Schauen und Staunen verlegen mag, die Gemeinschaft bleibt in solchen Momenten außen vor. Würde jede und jeder einzig auf Empfang stellen, gäbe es keine Gemeinschaft mehr.

Falls John Gray aber richtig liegt, wird sich die Frage nach der Aufmerksamkeit von selbst erledigen: »Der *Homo rapiens* ist nur eine unter vielen Spezies und verdient offensichtlich keinen Artenschutz. Früher oder später wird er aussterben. Wenn er verschwunden ist, wird die Erde sich erholen. Wenn die letzten Spuren des Tieres Mensch verwischt sind, werden viele Spezies, die er heute auszulöschen droht, noch immer da sein, neben vielen anderen, die sich erst noch entwickeln werden. Die Erde wird die Menschheit vergessen. Das Spiel des Lebens wird weitergehen.«

Es ist ein kleines Instrument, das mir geschenkt wurde. Einzelne, miteinander verbundene Metallteile, eine gute Fingerlänge, sehr flach jedoch das Ganze, nur wenige Millimeter stark. In der Querachse zwei unterschiedliche Arme: Der eine hängt schräg und scheinbar lose am Gerüst, der andere fix im rechten Winkel, durch ein breites Band an die Längsachse angebunden, so dass ein Viertelkreis beschrieben wird. Ein Schmuckstück, dachte ich, ein kurioses Kreuz oder doch etwas, das zu einer größeren Apparatur gehört?

Zunächst erkannte ich nicht, wozu das Ding dient, eine Präzisionsanfertigung, das sah ich dann schon, trotz seines Alters noch immer gut in Schuss, obwohl es gewiss schon länger nicht mehr in Gebrauch war. Gewiss? – Nur weil ich noch nie zuvor so ein Teil gesehen hatte? Dann ging mir auf, dass man damit kleine Gewichte messen kann. Es bietet sich an, das Instrument am Ring des einen Endes zu halten, denn der Kreis des anderen Endes, im Durchmesser ein wenig größer, den Dimensionen nach einer kleinen Geldmünze ähnlich, lässt sich weniger gut greifen, mahnt, wenn auch rot eingefärbt, an das Pendel einer Uhr, richtet sich also an der Schwerkraft aus.

Ich betrachtete die Klammer am Ende des einen Seitenarms, an der sich etwas befestigen lässt. Die Klammer ist mechanisch gekoppelt an einen Zeiger, der sich auf dem gegenüberliegenden Arm auf dem Band des Viertelkreises bewegt, sobald man an der Klammer zieht. Und ja, das filigrane Instrument musste einmal als Briefwaage verwendet worden sein, zur Wägung einzelner Briefe bis zu fünfzig Gramm. Zwischen zwei Fingern, mit denen man das Instrument am oberen Ende, am Ring, festhielt. Oder doch nur zwanzig Gramm? – Das Gewicht eines einzelnen Briefes?

Eine Untersuchung auf Augenhöhe, Prüfung des Getragenen, denn das meint doch das gängigere Wort *Porto*. So erkannte man, welche Marke als Gegengewicht dem Brief entsprach, mit Speichel befeuchtet für das Weiterzutragende aufzukleben war, die Beförderung.

Unversehens bin ich in meine Kindheit zurückversetzt, erinnere mich an die Worte des Großonkels, der mir zu erklären versuchte, dass ein echter Sammler nur abgestempelte Briefmarken aufbewahre. Es sei der Stempel, der die Ware wieder in ein Gut zurückverwandle, der Brief und Marke durch seine schwarzen Linien und Striemen erst einzigartig erscheinen lasse. Genau genommen mache der Stempel die Marke aus, seine Spuren vernichten den Preis, schaffen den Wert. Der Weg markiere die Beziehung. So und nicht anders entstünden Freundschaften.

Wo die Briefmarkensammlung geblieben ist, weiß ich leider nicht. Die kleine Briefwaage hingegen werde ich in Ehren halten, nicht nur weil es das Geschenk einer lieben Freundin ist.

Spiel über drei Banden

Einer der Schweizer Wirtschaftskapitäne des vergangenen Jahrhunderts legte seine Sammlung paarweise an. Er hortete in seinem Hochsicherheitstrakt von jedem großen Künstler zwei Werke. Ob er eine nächste Sintflut fürchtete oder auf wundersame Vermehrung hoffte? Womöglich dachte er auch, in schlechten Zeiten die eine Hälfte abzustoßen und dabei gleichwohl komplett zu bleiben. Oder er plante den Verkauf jener Hälfte für gute Zeiten, um auf diese Weise sein Vermögen zu verdoppeln. Zu einem Erbschaftstreit zwischen Tochter und Sohn kam es nicht. Der Mann soll ein leidenschaftlicher Billardspieler gewesen sein.

Feedback

Ich hege den Verdacht, die sogenannte Feedback-Kultur sei eine Profanierung von Kritik. »Kritik« hat bekanntlich denselben Wortstamm wie »Krise«; angezeigt wird die Notwendigkeit zur Auseinandersetzung. Auf die Aufklärung und Kant zurückgegriffen, steckt dahinter die Aufforderung, selber zu denken und sich in die Diskussion einzubringen. Hans-Georg Gadamer betonte die Wichtigkeit des offenen Gesprächs, denn nur darin stecke das Potenzial zur Verwandlung – zur Selbstkorrektur, zur Weitung des eigenen Horizonts.

Meint »Feedback« dasselbe? – *To feed* heißt übersetzt so viel wie »füttern«. Gibt man beim Feedback die Nahrung zurück? Handelt es sich um Unverdautes? Oder übergibt sich grad wer?

Mir gefällt das Wort nicht, dem Feedback scheint etwas Wiederkäuendes anzuhaften. Solche Gedanken lassen sich in den Wind schlagen, zieht man die gängige Übersetzung zu Rate: »Rückmeldung«. Das ist vollständig neutral. Könnte man meinen. Ist es aber nie. Eine Rückmeldung ist per se immer schon Reaktion.

Einen voraussetzungslosen Dialog gibt es nicht, schon klar, in der Kritik jedoch stehen sich die Vorurteile gegenüber, im offenen Gespräch ist jeder Maßstab prekär. Wer Kritik übt, setzt sich aus, wird seinerseits in Frage gestellt, das ist Teil der Übung. Kritik dreht sich um das Angemessene, nicht um das Messbare. Kritik ist persönlich, Feedback entspricht dem Auslegen von Fallstricken. Das eine befördert Entwicklung, das andere Anpassung.

Ursprünglich als ein Instrument zur Qualitätssicherung gedacht, ist das Feedback zu einem Instrument des HR-Managements geworden: Die operative Leitung des Konzerns XY versichert dem Verwaltungsrat, eine aktive Feedback-Kultur zu betreiben; maßgebend ist nicht der Vollzug, wohlgemerkt, sondern die Rückmeldung, die Rückmeldung vollzogen zu haben. Die Doktrin dahinter: *So tun, als ob.*

Alle wissen Bescheid: Es gilt, in scheinbar vorauseilendem Gehorsam einem Rechtfertigungswahn nachzukommen, damit, wenn etwas schiefgeht, ein jeder darauf verweisen kann, seinen Pflichten proaktiv nachgekommen zu sein, kontrolliert und verifiziert worden zu sein.

Die Feedback-Schleifen haben sich bewährt, gesellschaftlich, wirtschaftlich und politisch: Es gibt keine Schuldigen mehr, die Verantwortung wurde erfolgreich anonymisiert. Ein Schelm, der sagt, so ein System habe es schon einmal gegeben …

Ich sehe Menschen und deren Sprache als ein und dasselbe Wesen an, auch weil ich mich mit keiner Alternative anfreunden mag, geschweige denn mit einem Bot.

Kritik erfordert Aufmerksamkeit und Zuwendung, immer wieder und immer aufs Neue. Institutionalisiertes Feedback hingegen bildet ein Möbiusband, umspielt von heißer Luft, die im besten Fall verpufft, im weniger guten zu üblen Verbrennungen führt.

Wir sollten wieder reden. Miteinander.

Mickey Rourke

Erinnert sich noch jemand an Mickey Rourke? Kim Basinger war damals 33 Jahre alt, und jeder wollte für *9 ½ Wochen* Mickey sein. Irgendwie verschwand der Mann danach von der Bildfläche, oder er spielte in Filmen, die kaum jemand zur Kenntnis nahm. Schlagzeilen machte er als Bad boy: Er stieg in den Ring, wahrhaftig, boxte sich durch, trank auch mal einen über den Durst. Als ich aber, das muss schon im neuen Jahrtausend gewesen sein, das Gesicht des Mannes erneut sah, erschrak ich: Rourke als OP-Fratze, ein Schönheitszerrbild, Karikatur seiner selbst. 2008 stieg er erneut in den Ring als Randy »The Ram« Robinson, und zwar im Film *The Wrestler*.

»Dem Publikum ist es völlig egal, ob beim Kampf getrickst wird oder nicht, und es hat recht; es überläßt sich der primären Macht des Spektakels, die darin besteht, jedes Motiv und jede Konsequenz zu beseitigen. Wichtig ist ihm nicht, was es glaubt, sondern was es sieht«, schreibt Roland Barthes über *Die Welt des Catchens*, und er präzisiert: »Was das Publikum verlangt, ist das Bild der Leidenschaft, nicht die Leidenschaft selbst.«

Der Text stammt aus den frühen 1950er-Jahren, Mickey war grad zur Welt gekommen. Als Barthes 1980 starb, hatte Rourkes Schauspielkarriere eben Fahrt aufgenommen. Hätte er länger gelebt, der französische Philosoph wäre Zeuge geworden, wie Bild und Selbst sich überblenden, wie ein Junge aus Miami, der Muhamed Ali nacheiferte, zum gefragten Schauspieler wurde, alsbald für acht Kämpfe als Profiboxer in den Ring stieg, keinen verlor und wiederum einige Jahre später ein fulminantes Comeback als Schauspieler in der Rolle eines abgehalfterten Wrestlers feierte.

Wäre Monsieur Barthes über hundert Jahre alt geworden, und hätte er auch den 6. Januar 2021 noch erlebt (die Erstürmung des Capitols in Washington), er wäre – den Segen der Familie Murdoch vorausgesetzt – nicht umhingekommen, Mickey Rourke als aussichtsreichsten Präsidentschaftskandidaten für die nächsten Wahlen in den Vereinigten Staaten anzukündigen.

Nackt

Thomas Morus schlug zu Beginn des 16. Jahrhunderts für sein *Utopia* vor, dass junge Frauen und Männer im heiratsfähigen Alter sich einander nackt gegenüberstellen, damit für alle sichtbar werde, auf was sie sich einlassen wollen – und auf wen nicht.

Natürlichkeit und damit einhergehende Entspannung im Blick, ohne falsche Scham. Einer ihrer späteren Vertreter war Joachim Heilbutt, Verkäufer von Herrenkonfektion bei Mandel in Berlin um 1930. Dem jüngeren Kollegen Pinneberg riet er, wann immer ihm einer scharf käme, er sich in die Ecke gedrängt oder gar ohnmächtig fühle, solle Pinneberg sich vorstellen, wie er und der andere sich nackt gegenüberstünden. Von Angesicht zu Angesicht, aber eben unbekleidet, im ureigenen Maßanzug – so träfe man sich leicht wieder auf Augenhöhe.

Ich weiß nicht, ob dieser Trick funktioniert. In Hans Falladas Roman *Kleiner Mann – was nun?* (1932) wird Heilbutt, als er im Adamskostüm in einer Illustrierten abgedruckt wird, fristlos entlassen.

Und heute? Was auf Bildern zur Schau gestellt wird, hat mit der Natürlichkeit, wie man sie einst vielleicht noch erkennen konnte, zu erkennen glaubte, nichts zu tun.

Bliebe als letzte sichtbare Intimität, wenngleich ebenfalls im Schwinden begriffen, die Handschrift. »Wenn wir darauf sinnen, was Menschen an Bleibendem hinterlassen könnten, bietet sich der Brief als bestes Zeugnis an: Er ist Handschrift und Urkunde zugleich, ein Signet des Autors und seines Verhältnisses zur Welt.« So lauten die

Darlegungen des Direktors in Ernst Jüngers *Das Haus der Briefe* (1951).

Hat sich die Graphologie nicht längst auch als Holzweg erwiesen?

Den Charakter eines Menschen zu ergründen, das galt einmal als eine der vornehmsten Bestrebungen. Fraglos eine mit Irrtümern gepflasterte Pseudowissenschaft, die selbst vor der Analyse von Totenmasken nicht haltmachte. Nacktheit, unverwechselbare Handschrift, ewiges Antlitz … Vielleicht gibt es ja kein zu ergründendes Wesen, weder Kern noch Charakter noch Seele. Vielleicht ist alles aufgesetzt, antrainiert, bewusst oder unbewusst Anverwandeltes, das zur zeitgemäßen Attitüde wird, zur sorgsam gepflegten Fassade, zum perfekten Hologramm.

Wie undurchlässig auch immer wir uns heute begegnen, getunt oder virtuell, die Frage ist noch nicht vom Tisch: Was wollen wir eigentlich voneinander? Außer Pornografie.

Miguel de Unamuno hielt zu Beginn des 20. Jahrhunderts fest: »Die Zivilisation entspringt mehr den verschiedenen Weisen des Konsumierens und deren Wandel als den Produktionsweisen und deren Wandel. Damit ein Volk zivilisiert wird und an Kultur hinzugewinnt, ist es wichtiger, daß es Konsumieren lernt als Produzieren.« Heute klingt das irgendwie verdreht; doch der spanische Philosoph sprach vom Müßiggänger, verstand unter dem Konsumenten weniger den Käufer als vielmehr den Empfänger.

Der Besucher auf dem Markt zeichnet sich nicht durch Kaufkraft aus, sondern durch Aufmerksamkeit: »Die Zeit, die er aufs Schreiben hätte verwenden können, verwandte er darauf, durch die Straßen zu schlendern auf der Suche nach dem nächstbesten Jüngling, mit dem er über Gott und die Welt plaudern konnte«, berichtete Unamuno über Sokrates. Und der Produzent? Er kann sich – dank der Müßiggänger – »den Genuß des Arbeitens leisten«. Dahinter steckte kein Zynismus, denn der aufmerksame Empfänger ist ebenso tätig wie der arbeitende Geber.

Saß ein Denker vor über hundert Jahren in einem Café in Salamanca und schrieb einen Essay über den Müßiggang.

Als John Locke im 17. Jahrhundert dem aufstrebenden Besitzbürgertum das Wort redete, verwendete er nicht wenig Mühe darauf, zu begründen, warum persönliches Eigentum schützenswert sei, und dies von Staates wegen. Dass er seine Argumentation in ein christliches Fundament einbettete, Nächstenliebe mit Freiheit und Prosperität verband, ist der eine Teil der Geschichte und vielleicht, was die zeitnahe wohlwollende Aufnahme seiner Darlegungen betrifft, gar der wichtigere.

Der andere Teil seiner Geschichte setzt bei der Bestimmung des Menschen an, dem Überlebenskampf, der – abgesehen von den Kreisen, in denen sich Locke selbst bewegte – notwendig an die Arbeit eigener Hände gebunden war. Was einer selbst zu erschaffen in der Lage ist, das ist sein »Eigen«. Selbstredend hatte Locke das, was einer dank der Arbeit anderer oder durch Handel erwirtschaftet, stets mitgedacht, wenn auch nicht so explizit ausgeführt, also das, was nach Marx den Fetischcharakter der Ware oder den sogenannten »Mehrwert« der Arbeit ausmacht. So oder so: Im Fokus stand das eigens geschaffene Produkt.

Als Recht auf Leben verstanden und als solches dem Menschen zugestanden, leitete Locke das Recht auf Schutz ebendieses Produkts ab – als vornehmliche Aufgabe und gleichsam Legitimation eines Staates. Inzwischen ist offensichtlich: Das einzige nachhaltige Produkt, das der Mensch herzustellen vermag, ist unverdaulicher Müll, Dinge, welche die Natur nicht oder erst in einem Zeitraum abbauen kann, der in allzu weiter Ferne liegt. Die Beschmutzung der Welt markiert unseren Besitz – davon »besessen, werde ich selbst zu einem Abfall meines Bewusstseins«, schreibt Michel Serres. Und er sieht in dieser Verschmutzung »den Willen zur Macht, den Wunsch nach räumlicher Ausbreitung – jawohl, *den Krieg aller gegen alle*«.

Stellt sich die Frage, wie daran gemessen die vornehmliche Aufgabe und Legitimation eines Menschenstaates aussähe, was denn in der Tat das Schützenswerte wäre – falls für die Versuche einer Antwort noch Zeit bleibt.

Eisloch und Sonnenbrand

Wir schreiben das Jahr 2013. Wladimir Putin, seit einem Jahr wieder im Amt, hat einige Staatsoberhäupter und ihre Delegationen zum fröhlichen Bad in Eislöchern nach Moskau geladen. Darunter auch den ukrainischen Staatspräsidenten, der, wie wir erfahren, im Umgang mit Frauen eher ungeschickt, dem Schnaps zugetan und grundsätzlich überfordert ist, wenn er Entscheidungen zu treffen hat. Im Gegensatz zu den meisten Amtskollegen macht ihm das Bad im eiskalten Wasser jedoch nichts aus; er ist ein vielfach geprüftes »Walross« – so nennt man in der Ukraine jene Männer, die winters Eislöcher zum gemeinsamen Bad aufsuchen.

Das Szenario stammt aus Andrej Kurkows Roman *Die letzte Liebe des Präsidenten* (2005). Die Jahresangabe ist kein Druckfehler, der Schriftsteller nahm den Schachzug Putins, das Einsetzen Medwedews als Staatspräsidenten von 2008 bis 2012, vorweg. Ich las also, staunte und lernte. Zwar habe ich die Annexion der Krim auch nicht vorausgesehen, aber die Verfassungsänderung von 2020, die Putin sein Amt bis 2036 gewährleistet, überraschte mich nicht mehr. Der Mann wird dann seinen 84. Geburtstag feiern.

Ich nehme an, eine angehende Wirtschaftsstudentin in Sankt Petersburg wie auch ein gleichaltriger Junge aus Werchorjansk gehen heute davon aus, dass es – wie zu Highlanders Zeiten – nur einen geben kann, nämlich Wladimir Putin. Sie haben wohl noch von einem Störenfried namens Nawalny gehört, wer aber Chodorkowski war, was es mit der Privatbank Menatep oder dem Ölkonzern Yukos auf sich hatte, davon wissen sie mit an Sicherheit grenzender Wahrscheinlichkeit nichts. Während die junge Frau im Schaufenster eine Gucci-Handtasche ins Visier nimmt, erinnert sich der Mann aus Sibirien an seinen ersten Sonnenbrand, den er sich im Sommer 2020 geholt hat.

Ein lupenreines Pauschalurteil, das hoffentlich zu gegebener Zeit zerzaust werden wird – von Russinnen und Russen, von Ukrainerinnen und Ukrainern?

Nachtrag: Auch für mich selbst hoffe ich, diesen Text, der vor dem Ukraine-Krieg entstand, nach dem Krieg umarbeiten zu müssen.

Der kleine Marcus soll Kaiser Hadrian so beeindruckt haben, dass er dem Knaben den Spitznahmen Verissimus (der Wahrhaftigste) gab. Die Legenden um Marc Aurel, der von 161 bis zu seinem Tod 180 römischer Kaiser war, sind ohne Zahl. Einiges aber ist auch verbrieft, von ihm selbst in seinen *Selbstbetrachtungen* festgehalten.

»Ich bin wach, um eines Menschen Aufgabe zu erfüllen«; diesen Gedanken empfiehlt er jedem, der am Morgen mit Verdruss die Augen öffnet, und er fährt fort: »Siehst du nicht die Pflanzen, die Vögel, die Ameisen, die Spinnen, die Bienen, die alle die ihnen zugedachte Aufgabe erfüllen und in ihrer Weise am Aufbau des Kosmos mitwirken?« – Wer sich nicht an die Arbeit mache, stattdessen weiter im Bett liegen bleibe, der habe für sich selbst keine Liebe, argumentiert der Philosophenkaiser, »sonst liebtest du auch deine Natur und ihren Willen«. Das Wirken für die Gemeinschaft, so war Marc Aurel überzeugt, ist in der Natur des Menschen angelegt. Die eigene Natur zu lieben, war denn auch gleichbedeutend mit einem Erfüllen sozialer Verpflichtungen. Der Gedanke, es könne an sinnstiftender Arbeit fehlen, lag zu Zeiten des römischen Reiches noch fern.

Ilija Trojanow schreibt: »Innerhalb des Dogmas der klassischen und herrschenden Volkswirtschaftslehre ist Lohnarbeit eine *unerschöpfliche* Ressource, da technologischer Fortschritt im Zusammenspiel mit dem freien Markt angeblich für immer neue Arbeitsplätze sorgt. Bislang haben Innovationen tatsächlich neue Arbeitsfelder aufgetan, aber mit einem rein historischen Argument lässt sich keineswegs beweisen, dass es auch in Zukunft so weitergehen wird.« – Im Fokus steht die *robotronische Revolution*, die alle Branchen der Wirtschaft betrifft, wo immer es um Effizienz und Rentabilität geht und entsprechend auf Rationalisierung und Automatisierung gesetzt wird. Der Titel von Trojanows Buch: *Der überflüssige Mensch* (2013).

Weil's wurscht is?

»Einmal wollte ihn jemand befördern, Hanswurst aber ergriff die Flucht vor der Beförderung, als wenn sie ein Unheil sei; so dumm benahm er sich im wichtigsten Moment seines Lebens.« – So berichtet uns ein namenloser Ich-Erzähler in Robert Walsers Prosaminiatur *Der Hanswurst*. Der titelgebende Charakter ist inzwischen ein wenig aus der Mode geraten. Mich erinnert er an eine Comicfigur aus Kindertagen, an Herrn Rossi, der das Glück suchte. Gute Erinnerungen, übrigens.

Was genau aber ist ein Hanswurst? – Wahrscheinlich ein Idiot, allerdings im ursprünglichen Wortsinn. Als Idiot wurde im alten Athen jemand bezeichnet, der sich aus öffentlichen Angelegenheiten heraushielt, keine Ämter wahrnahm, auch wenn ihm das möglich gewesen wäre. Vielleicht wäre *Einzelperson* die treffendste Übersetzung.

Noch im Mittelalter setzte Nikolaus von Kues auf den Idioten, erkor ihn zur Hauptfigur seiner Dialoge. Dessen Selbstbeschreibung: »Ich glaube nicht, dass man irgendjemanden leichter dazu bringen kann, seine Meinung zu sagen, als mich. Weil ich zugebe, dass ich ein unwissender Laie bin, fürchte ich mich nicht zu antworten. Gelehrte Philosophen und Männer, die im Rufe großen Wissens stehen, fürchten mit Recht, Fehler zu begehen und erwägen zögernder. Wenn du einfach sagst, was du von mir willst, wirst du ganz ungekünstelt Antwort erhalten.«

Walsers Hanswurst? Er kommt selbst nicht zu Wort. Der Ich-Erzähler hingegen, der längst ein Urteil über ihn gefällt hat, gerät plötzlich ins Wanken: »Er ist und bleibt ein Kind, ein Dummkopf, der das Bedeutende vom Unbedeutenden, das Schätzenswerte vom Wertlosen nicht zu unterscheiden vermag. Oder sollte er am Ende klüger sein, als er selbst ahnt, sollte er mehr Witz haben, als er fähig ist zu verantworten? Liebe Frage, ich bitte dich, bleibe hübsch unbeantwortet.«

Herr Rossi, Forrest Gump oder Homer Simpson? Die Fiktion muss für einen Mangel herhalten … vielleicht, weil es den Hanswurst in echt nicht mehr gibt? Nie gegeben hat? – Vorläufiges Fazit: »Hanswurst ist jedenfalls glücklich in seiner Haut. Eine Zukunft hat er nicht, aber er begehrt auch nicht, etwas derartiges zu haben.«

Mit Machiavelli paktieren mag bis dato niemand, nicht offiziell. Die vielleicht prominenteste Gegenschrift – der *Anti-Machiavell* (1740) – stammt von Friedrich II. von Preußen. Ein Jahr vor seiner Inthronisation veröffentlicht, heißt es darin: »Machiavelli verdarb die Staatskunst und unternahm es, die Lehren der gesunden Moral zu vernichten.« Kaum hatte Friedrich aber den Thron bestiegen, stürzte er gegen alle guten eigenen Vorsätze in einen Angriffskrieg gegen die Habsburger. Am Ende seines Lebens korrigierte der König seine früheren Ansichten: »Es tut mir leid, aber ich bin gezwungen, zu gestehen, dass Machiavelli recht hat.«

Machiavellis Anweisungen sind denn auch nicht weiter schwer zu verstehen: »Bei den Handlungen der Menschen, absonderlich der Fürsten, über die man keinen Gerichtshof anrufen kann, wird immer auf den Endzweck gesehen. Der Fürst sei also nur darauf bedacht, zu siegen und den Staat zu erhalten: die Mittel werden immer für ehrenvoll gelten und von jedermann gelobt werden, denn der große Haufe hält es immer mit dem Scheine und mit dem Ausgange. Die ganze Welt ist voll von Pöbel, und die wenigen Klügern kommen nur zu Worte, wenn es dem großen Haufen, der in sich selbst keine Kraft hat, an einer Stütze fehlt.«

Der Mensch lässt sich gern täuschen, gerade weil die Wahrheit nicht immer angenehm ist. Das wusste auch Sigmund Freud. In seinem Antwortbrief vom September 1932 an Albert Einstein lesen wir: »Es ist ein Stück der angeborenen und nicht zu beseitigenden Ungleichheit der Menschen, dass sie in Führer und in Abhängige zerfallen.

Die letzteren sind die übergroße Mehrheit, sie bedürfen einer Autorität, welche für sie Entscheidungen fällt, denen sie sich meist bedingungslos unterwerfen.« Teilt doch der Begründer der Psychoanalyse die Menschheit in zwei Hälften, in »Führer und Abhängige«; und ich weiß noch immer nicht, wie ich darüber denken soll.

Ablösung

Dornröschen sei nach einem Kunstfehler nicht wieder aufgewacht, den Froschkönig habe ein Feinschmecker verspeist, der Däumling sei beim Zuklappen des Buches zu wenig schnell gewesen und Aschenputtel habe die Misshandlungen des Schuhmachers nicht überlebt, sagte der Antiquar ungefragt, schob die Brille hoch und wandte den Blick in den vor ihm aufgeschlagenen Folianten.

Als er wieder aufschaute, stand die junge Besucherin noch immer im Raum. Wer suche, der finde, ließ der Mann verlauten. Die Frau deutete ein Nicken an, schien aber weiterhin nicht gewillt zu sein, sich den aufgereihten Büchern zuzuwenden. Dass jemand hier nur herumstand, war ungewöhnlich. Der Antiquar hatte zum Fenster geschielt, dem trüben Glas, den verstaubten Scheiben, doch es gab keinen Zweifel, es regnete nicht, und er notierte: ›Frau Holle anrufen?‹ Zu seinem Erstaunen hatte sich das geplante Ausrufezeichen in ein Fragezeichen verkrümmt.

Die Wunderlampen seien leider ausgegangen, murmelte der Mann jetzt, ein wenig verstimmt.

War das ein Lächeln? Der Alte schüttelte den Kopf, überlegte, sich eine Pfeife zu stopfen, ganz entgegen seiner Gewohnheiten. Er rauchte nicht, wenn Kundschaft zugegen war, schon gar nicht in Gegenwart einer jungen Dame. Alle Elfen seien in einem dunklen Verlies eingesperrt, der Schlüssel vor Zeiten schon eingeschmolzen, die Drachen hätten für die Feuerzeuge den Platz geräumt, der böse Wolf sei vor Urzeiten im Zoo elendiglich krepiert und Rotkäppchen habe sich als ausrangiertes Model den goldenen Schuss gesetzt.

Der Antiquar spitzte den Bleistift, die Drehungen gewährten ihm kaum noch Aufschub, und er ergriff die Flucht nach vorn: »Womit kann ich dienen?«, fragte er also, Bleistift und Spitzer beiseitelegend. Er nahm die Brille ab, steckte sie in die Brusttasche des Hemds.

Sie komme, sagte die Besucherin mit sanfter Stimme, das Buch in Empfang zu nehmen.

Ha ja, aber welches, ging es dem Mann durch den Kopf, vergeblich um die passenden Worte ringend. Sie schaute ihm in die Augen. »Das Buch«, sagte die Frau noch einmal. Es klang nicht unfreundlich. War ihm die Besucherin unmerklich näher gerückt? »Jenes Verzeichnis, von dem es nur ein Exemplar gibt.«

Es war ihm, als lebte er noch einmal sein ganzes Leben, und eine erste Träne löste sich. »Meine gesammelten Verlustanzeigen« kam es endlich über seine Lippen. Als wäre ein Licht angegangen. Die Besucherin streckte beide Hände aus. Der Alte klappte den Folianten zu, strich mit den Fingern noch einmal sanft über sein Werk.

Ein Kind verließ hüpfend den Raum. Und wenn es nicht gestorben ist, dann findet es sich noch heute – hinter irgendjemandes gealtertem Gesicht.

Weil *Gesellschaft* mittlerweile als Begriff doch arg befrachtet ist, von der regionalen Lach- und Schießgesellschaft bis hin zur globalen Leistungsgesellschaft reicht, wir uns zuweilen in bester Gesellschaft wiederfinden, während sich diese doch vornehmlich durch Schlechtigkeiten auszuzeichnen scheint, wähle ich einen stellvertretenden Begriff: »Untereinandersein«. Darin steckt das Durcheinander, die Hierarchie und das Miteinander.

Sollte der evolutionäre Erfolg des Menschen tatsächlich darin liegen, dass unsere Vorfahren lernten, sich von dem zu ernähren, was mächtigere Raubtiere übrigließen, sprich das Mark der Knochen auszulutschen? Vielleicht war es aber doch der Verlust des Fells, die sich entwickelnde Fähigkeit, am ganzen Körper schwitzen zu können, die unsere Vorgänger so ausdauernd machte wie kaum eine andere Spezies. Oder gewannen wir die Übermacht wegen des aufrechten Gangs, der dadurch gewonnen Übersicht und den damit einhergehenden freien Händen? – Für die Frage nach den Bedingungen und Möglichkeiten des Untereinanderseins ist es irrelevant, welcher dieser Erklärungen der größtmögliche Wahrheitsgehalt zukommt; bedeutend ist, woran wir festhalten.

In seiner kleinen Schrift *Mutmaßlicher Anfang der Menschengeschichte* (1786) schildert Immanuel Kant den Weg »aus der Vormundschaft der Natur in den Stand der Freiheit«. Der Genuss der verbotenen Frucht, das Pflücken vom Baum der Erkenntnis, war, spätestens nach der Schaffung von Eva, ein notwendiger Verzehr, die erste zwanghafte

Handlung. Kant führt den Reiz des Geschlechts ins Feld, die Idee der Fortpflanzung, das Denken in die Zukunft: »die überlegte Erwartung des Künftigen«.

Unser Untereinandersein ist in Geschichten verstrickt, nacherzählte und prognostizierte. Eine jede Geschichte verlangt nach einem Anfang, sobald wir uns über uns, unter uns unterhalten wollen.

Mythos

Manchmal wechsle ich die Partner
notgedrungen
mich gibt es seit Äonen

Lasse mich ein, lasse mich aus
wer sich aller Störungen entledigt
entsorgt sich selbst

Mich kann man nicht züchten
wir leben frei da und dort
in gegenseitigem Einvernehmen

Vom Myzel bis zur Kappe
ich bin der Pilz
der keine Grenzen kennt

Gereiche zum Genuss und
wollte gern auch Vorbild sein
für deinesgleichen.

Krieg, eine Reminiszenz

Es waren einmal Imperien. Gerieten diese untereinander in ein Ungleichgewicht, kam es zum bewaffneten Konflikt. Und es ging darum, den Krieg in einer Ethik zu fassen. Im Vordergrund stand die Wiederherstellung von Gerechtigkeit, den Krieg in eine verbindliche Rechtsform zu transformieren. Leitgedanke dürfte die Schadensbegrenzung gewesen sein: Hugo Grotius' Lebenszeit umfasste den Krieg zwischen dem katholischen Spanien und den calvinistischen Niederlanden, der satte achtzig Jahre andauerte; Immanuel Kants wichtigste Schaffensphase fällt zusammen mit dem Siebenjährigen Krieg, insbesondere mit den Wirren vor, während und nach der Französischen Revolution.

Die Verdienste der beiden Herren sind nicht hoch genug einzuschätzen: Sie gaben dem Krieg eine schriftliche Verfassung, sie schufen Normen, die zur Verständigung führten und breite Anerkennung fanden. Zupass kam den Theorien in der Folge die Macht des British Empire im 19. Jahrhundert und später die Vormachtstellung der USA: Eine Exekutive stand zur Verfügung, die zumindest potenziell in der Lage war, für die Einhaltung beziehungsweise Wiederherstellung der Normen zu sorgen.

Dieses über die Jahrhunderte tradierte Verständnis von einem gerechten Krieg prägt uns noch heute, obwohl es völlig inadäquat geworden ist. Mit der Etablierung des Begriffs »Terrorismus« wird die alte Unterscheidung von Gut und Böse gleichwohl wieder zum zentralen Kriterium, als ob inzwischen jemand diese Unterscheidung zweifelsfrei machen könnte. Was löst mehr Furcht und Schrecken aus:

der staatlich legitimierte Einsatz von Drohnen, der globale Cyber-Krieg oder ein Bus, der gezielt in eine Menschenansammlung gefahren wird? Wo ist mehr Heimtücke?

Wann immer wir von »Macht« oder »Gewalt«, von »Krieg« oder »Terrorismus« reden, das Gemeinte bleibt disparat und diffus, als wüssten wir zuweilen nicht mehr, worüber wir sprechen. Einigen scheint diese Unschärfe jedoch sehr willkommen zu sein.

»Aber es ist in unserer Zeit eine große Umwandlung im Gange, das Verhältnis zwischen dem lebenden und dem toten Geist verschiebt sich gerade in einer sehr unheimlichen Weise.« – Das sagte Peter Sloterdijk anlässlich eines Gesprächs mit Thomas Macho und Manfred Osten, veröffentlicht im Band *Gespräche über Gott, Geist und Geld* (2014). Wenn Sloterdijk vom toten Geist spricht, meint er das historische Bewusstsein, das dem Einzelnen abhanden zu kommen droht. Er rekurriert auf eine Vorstellung des gebildeten Menschen, »der mit den Klassikern noch persönlich Umgang gepflegt hat«. Der junge Mensch von heute? – Eine »Durchlaufpersönlichkeit«.

Wenn das Hirn weiß, dass es dies und das googeln kann, merkt es sich dies und das auch nicht mehr. Zu diesem Schluss kommt der Neurowissenschaftler und Psychiater Manfred Spitzer in seinem Buch *Digitale Demenz* (2012). Zwar hat das menschliche Gehirn einen langen Weg der Evolution hinter sich, auf dem es sich nur sehr langsam veränderte, sodass man folgern könnte, etwas anderes als Überforderung oder Kurzschluss sei mit all den Screens vor der Nase gar nicht möglich. Jedoch hat sich in der langen Entwicklungszeit insbesondere eine Eigenschaft bei diesem Organ ausgebildet: seine Anpassungsfähigkeit und die damit einhergehende Gabe, Probleme zu lösen.

Ich vermute allerdings, Sloterdijks Befürchtungen greifen tiefer. Infrage gestellt ist die Überzeugung, dass ein historisches Bewusstsein die Bedingung für die Möglichkeit einer sinnstiftenden Zukunft ist. Oder wie Ernst Cassirer das in seinem *Versuch über den Menschen* (1944) zum Ausdruck brachte: »Dichtung ist nicht bloß Nachahmung der Natur; Geschichtsschreibung ist nicht bloße Nacherzählung toter Fakten und Geschehnisse. Historik und Dichtung sind für uns ein Organon der Selbsterkenntnis, ein unabdingbares Werkzeug für den Aufbau des menschlichen Universums.«

Wenn die lebenden Geister ihre Dialoge vorzugsweise mit einem Bildschirm führen, dessen Informationen kein Gegenüber mehr ersichtlich werden lassen, wir uns zunehmend in Echokammern und Filterblasen wiederfinden, die von Algorithmen definiert werden, vielleicht ist es dann gar nicht mehr so erstaunlich, wenn junge Europäerinnen und Europäer vor einem gewissen Mahnmal in Berlin sich fragen, was das für eigentümliche Klötze sind. – Googeln! Und nachdenken?

Vor der Entdeckung Amerikas (und danach)

Indianer, Azteken, Inkas, Aborigines, die Urbevölkerung Tasmaniens. Vor der Entdeckung Amerikas und Australiens gab es mehrere menschliche Kulturen. Sie wussten nichts voneinander. Entwickelten sich selbstständig, jede ein Universum für sich. All die Verluste, die nach Kolumbus, Vespucci und Co. zu verzeichnen sind, wer will sie ermessen? Ganz zu schweigen von jenen, über die wir nichts wissen, von denen wir nicht einmal eine Ahnung haben.

»Die Besiegten verschwinden. Sie sind ein Nichts.« So beschreibt Simone Weil den »unbarmherzigen Darwinismus« unter Menschen. Eines Tages ging die minoische Kultur, sie soll eine gänzlich unkriegerische gewesen sein, nach zirka sechshundert Jahren unter, als mykenische Herren um 1450 v. Chr. die friedliche Insel Kreta in ihren Besitz nahmen. Über tausend Jahre später setzte Alexander der Große zu einem bis dahin nicht gekannten Eroberungsfeldzug an. Und 52 v. Chr. kapitulierte Vercingetorix in der Schlacht um Avaricum vor den Römern.

Die Besiegten verschwanden – und mit ihnen ihr Wissen. So sehr wir den Fortschritt der Wissenschaft in den vergangenen Jahrhunderten loben, wir haben keine Ahnung, was inzwischen an Erkenntnissen vernichtet wurde, sei es mit der Ermordung des Archimedes, dank dessen wundersamen Wurfmaschinen die Stadt Syrakus erst nach dreijähriger Belagerung eingenommen werden konnte, sei es durch das Verschwinden der keltischen Kultur, deren Druiden eine Ausbildung von zwanzig Jahren zu absolvieren hatten. Einziger Überlebender: Miraculix.

Geblieben ist unter anderem die schriftliche Fassung einer Rede, die Häuptling Seattle Mitte des 19. Jahrhunderts als Antwort an den amerikanischen Präsidenten gehalten haben soll. Die letzten Worte daraus: »In der Nacht, wenn die Straßen in Euren Städten und Dörfern ruhig daliegen und sie Euch verlassen erscheinen, dann sind sie tatsächlich voll von all denen, die einst in diesem Land lebten und die es noch immer lieben. Der weiße Mann wird zu keiner Zeit allein sein. Möge er gerecht handeln und gut zu meinem Volk sein, denn auch die Toten haben Macht.«

Cultiver son jardin

Voltaires Aufforderung, den eigenen Garten zu pflegen, ist sprichwörtlich geworden. Und da wir uns mit ihm auf der Startrampe der Aufklärung befinden, erstaunt auch nicht, dass der Mann nicht die Hängematte meinte, sondern vielmehr die Arbeit, die Beförderung eigener Begabungen und Talente.

Vilém Flusser schaute sich den Menschen im Garten Ende des 20. Jahrhunderts phänomenologisch an: »Der Garten ist eine Täuschung, und zwar nicht nur in dem oberflächlichen Sinn, daß er Natur vortäuscht, etwa miniaturisierte Natur wie Fischteiche und Felsen, sondern in dem tieferen Sinn, daß er Landbesitz, also das Private, vortäuscht. Er täuscht vor, daß der ihn Besitzende auf eigener Scholle steht, daß er Wurzeln hat, daß es ein Stück Erde gibt, auf dem er für sich selbst steht. Der Garten täuscht also vor, daß ›cultiver son jardin‹ noch möglich ist, daß man also aus dem Gemeinen und Politischen ins Gesonderte und Private zurückkann, ohne dabei aus der Kultur herauszufallen. Diese Täuschung ist der eigentliche Zweck des Gartens, sein Beitrag zur Erhaltung des etablierten Apparates. Denn ›cultiver son jardin‹ ist heute nicht mehr möglich.«

Flusser gelangt zur Überzeugung, dass sich der Mensch nicht aus einem Naturzustand herleiten lässt, ein jeglicher sinnstiftende Ansatz, wenn überhaupt, stattdessen beim Kulturwesen Mensch zu finden sei.

In seinem Bericht *Reise ohne Landkarten* (1936) erzählt Graham Greene von seinen Erfahrungen, die er auf dem Weg durch Sierra Leone und Französisch-Guinea nach

Liberia machte. Trotz aller Unwägbarkeiten und Beschwernisse erneuert sich in ihm »irgendeine Art Hoffnung in die menschliche Natur«, und der Schriftsteller hält fest: »Wenn es nur möglich wäre, zu dieser Nacktheit, Simplizität, instinktiven Freundlichkeit, zu diesem Fühlen statt Denken zurückzukehren und alles noch einmal von vorn zu beginnen ...«

Unsere Projektionen, all die Versuche der Funktionalisierung einer Gesellschaft, fallen früher oder später auf uns zurück – als könnten wir nicht sein, was wir sind. Eine jede Sehnsucht findet ihr Motiv erstlich und letztlich im Verbund einer Gemeinschaft; eine Vorstellung ohne Publikum wird schnell abgesetzt.

Glühender Handel

Die Partikularinteressen – diejenigen eines Staates, eines globalen Unternehmens oder einer anderen Macht – haben keine gerechte Verteilung von Know-how oder Gütern im Sinn, ansonsten löste sich der Begriff des Partikularen in Luft auf. Vielmehr geht es um einen Profit, der ein Ungleichgewicht zwischen den einzelnen Mitspielern, und zwar in den unterschiedlichsten Belangen, zwingend erfordert. Werden Staaten mit gezielten Maßnahmen kleingehalten, indem man sie beispielsweise zu einer immer höheren Verschuldung zwingt, bis ihre Unabhängigkeit nur noch eine scheinbare ist, so lässt sich hinter solch einer Strategie schwerlich ein einzelner kriegerischer Akt erkennen. Womöglich tritt der Kreditgeber zunächst gar als Helfer, als im gebeutelten Land gelobter Retter auf, und seine wahren Absichten werden erst später spürbar.

Der Aufwand, der noch zu betreiben ist, gilt vornehmlich der Vertuschung. Stirbt jemand gewaltsam, geht ein Staat oder Großunternehmen unter, so soll es wie ein Unfall aussehen (oder der Gegenpartei untergeschoben werden, dem Klimawandel oder einer Pandemie). Selbstredend sind Unfälle von Kollateralschäden nicht klar zu unterscheiden, zuweilen verwandelt sich eine Investition in einen Kredit, der sich nicht mehr zurückzahlen lässt. Krieg ist dafür ein überholter, für unfreundliche Übernahmen oder freundliche Ausradierungen der falsche Begriff. Das weltweite Monopoly basiert auf gezielter Brandstiftung, *partikularer Nichtung*.

Ich will einmal davon ausgehen, dass die Prognosen hinsichtlich der Entwicklung der Alterspyramide in Europa – von größeren Katastrophen einmal abgesehen – eintreffen werden, die Anzahl der über 85-Jährigen sich bis 2100 also mindestens verdoppeln, wenn nicht gar verdreifachen wird.

Diese Entwicklung ist keineswegs neu. In seinem Buch *Medizin ohne Ethik?* (2002) schlug Otfried Höffe vor, man solle den Familienvertrag zu einem *Generationenvertrag* ausweiten, dem Motto folgend: »Was du als Kind nicht willst, daß man dir tu, das füg' auch keinem Älteren zu!« Idee dahinter ist eine Tauschgerechtigkeit: Wer schon in jungen Jahren Pflegeleistungen erbringt, hat später selbst ein Anrecht darauf, wer dies nicht tut, zahlt einen finanziellen Ausgleich.

Heute lässt sich leicht konstatieren, dass diese Form der diachronen Solidarität sich nirgendwo durchgesetzt hat.

Fraglos gehört die Einführung einer gesetzlich verankerten Altersvorsorge zu den wichtigsten Errungenschaften des 20. Jahrhunderts. Die Regelwerke, die damals eingeführt wurden, basierten auf einer Drei-Generationen-Gesellschaft. Dabei galt es, den über 60-Jährigen ihren wohlverdienten, geruhsamen Lebensabend zu sichern, und das betraf bis vor wenigen Jahrzehnten einen vergleichsweise geringen Teil der Bevölkerung. Inzwischen aber sind wir in einer Vier-Generationen-Gesellschaft angelangt; Urgroßmütter und Urgroßväter sind keine Seltenheit mehr. Der zu finanzierende Lebensabend umspannt denn im Durchschnitt auch nicht mehr zehn Jahre, sondern das Doppelte oder sogar Dreifache.

Erstaunlich, dass die aktuellen Statistiken zur Bevölkerungsentwicklung vornehmlich noch immer ein Drei-Generationen-Modell abbilden – 0 bis 14 Jahre, 15 bis 64 Jahre, 65 plus. Hinsichtlich der ökonomischen Schwierigkeiten ist das irreführend. Denn die Erwerbstätigen tragen die herankommende Generation finanziell – nicht zuletzt aufgrund der starken Tendenz zur Akademisierung – großmehrheitlich bis weit über das zwanzigste Lebensjahr hinaus. Und geht es um die Familie, steht längst nicht mehr das Recht der Frau auf Arbeit und Karriere im Vordergrund, sondern ihre Pflicht, zum Einkommen einen erklecklichen Teil beizutragen.

Ohne eine höhere Besteuerung der Vermögen werden sich alle vier Generationen nicht mehr finanzieren lassen. Ich plädiere also für eine synchrone Solidarität, was die dritte und vierte Generation betrifft. Schaut man sich die Ranglisten der reichsten Menschen der Welt an, so sticht sofort ins Auge, dass sich die mit Abstand größten Vermögen in den Händen von über 64-Jährigen befinden. Für den Fall, dass ausgerechnet jene, die von Haus aus monetäres Glück hatten (sei es durch Erbschaft und/oder horrende Gewinne), nicht geneigt wären, sich im Alter solidarisch zu zeigen, muss der Gesetzgeber die Einsicht und Verantwortung erzwingen.

Fast Food

Ich stehe an der Bushaltestelle, mir wird angezeigt, mein Bus fahre in zwölf Minuten. In meinem Rücken befindet sich ein Fast-Food-Restaurant, und ich entscheide jetzt, mir noch einen fetten Burger einzuverleiben. Ich verschaffe mir das begehrte Objekt und verschlinge es in neunzig Sekunden. Die Empfindungen dabei sind überwältigend, der Genuss einmalig. Während dieser Empfindungen ist mein reflektierendes Ich suspendiert. Vielleicht meldet es sich wieder im Nachhinein, und ich höre mir Vorwürfe wegen meines Essverhaltens an, oder es sagt mir, die Zeit reiche noch, um mir einen weiteren Burger reinzuziehen.

So unterschiedlich die Reize sind, die eine Befriedigung herbeiführen, entscheidend ist ihre Wirkung im Moment. Wenn einer *selig* ist, denkt er bestimmt nicht nach; wer genießt, hat losgelassen. Wer genießt, genießt.

Der Genuss ist zwingend – um davor und danach wieder abzuwägen, Urteile fällen zu können. Wann immer wir denken, müssen wir entscheiden. Was Vernunft und Moral anbetrifft, ist es nicht möglich, nicht zu entscheiden. Das ist anstrengend. Das Entscheiden nimmt uns niemand ab, es ist so notwendig wie die Nahrungsaufnahme. Der Genuss jedoch ist womöglich das, was unsere Welt im Innersten zusammenhält.

Ein clevereres Kerlchen war dieser Sisyphos bestimmt, mit List soll er ein ums andere Mal dem Tod entronnen sein, unklar geblieben ist bis heute der eigentliche Grund für seine Strafe (gerade weil die Liste seiner Verbrechen – je nach Quelle – lang oder noch länger ist): »Für allerlei Betrug traf ihn in der Unterwelt die Strafe, daß er einen schweren Marmorstein, mit Händen und Füßen angestemmt, von der Ebene eine Anhöhe hinaufwälzen mußte«, berichtet Gustav Schwab in seinen *Sagen des klassischen Altertums* (1838–1840). Weiter heißt es: »Wenn er aber schon glaubte, ihn auf den Gipfel gedreht zu haben, so wandte sich die Last um, und der tückische Stein rollte wieder in die Tiefe hinunter. So mußte der gepeinigte Verbrecher das Felsstück wieder von neuem und immer von neuem emporwälzen, daß der Angstschweiß von seinen Gliedern floß.«

Zur unbestrittenen Identifikationsfigur wurde Sisyphos mit der Aufforderung Albert Camus', wir sollten uns Sisyphos als einen glücklichen Menschen vorstellen. Camus spricht von Auflehnung, Freiheit und Leidenschaft. Lebe dein Leben, so intensiv du kannst! Die niederländische Journalistin Marian Donner schreibt in ihrem *Kleinen Buch der Selbstverwüstung* (2020): »Wer schwänzt, findet ein Loch in der Zeit. Jedenfalls hat man das Gefühl, als würde sich die Tür zu einem Paralleluniversum öffnen.« Donner fordert uns dazu auf, zu stinken und zu trinken, zu bluten und zu brennen – und zu tanzen. Dagegen ist nichts einzuwenden! So ein zeitweiliges Ausscheren, das passt schon, ein jeder verschafft sich Luft, wann und wenn es geht.

Wir bedienen uns Spielformen der Abwechslung, der Entlastung, der Selbstbefriedigung, eine Haltung jedoch lässt sich daraus nicht gewinnen. Es gilt, der Ursache des Angstschweißes auf den Grund zu gehen. Ich vermute, es handelt sich um eine selbstauferlegte und zugleich unumgängliche Bürde. Was da »mit Händen und Füßen angestemmt« wird, ist nichts anderes als – unsere Gesellschaft?

Ob wir träumen oder wachen, immer haben wir es mit Vorstellungen zu tun. Ohne diese Gabe sähen wir weder Bilder noch kämen wir auf Ideen, es hätte nie eine Mondlandung gegeben, und wir wüssten mit Atlantis nichts anzufangen. Man kann das menschliche Denken – je nach psychischer Verfassung – als vorzügliche Eigenart oder als belastende Unart empfinden, es bringt allein aufgrund des Erinnerungsvermögens ein menschenspezifisches Zeitverständnis mit sich, das sich in der jeweiligen Gegenwart seltsam zusammenballt und zugleich in die Zukunft reicht. Denken ist, immer wenn das Ich sich eingeschaltet hat, ein Ordnen, ein stetiges Ein- und Zuordnen. Unser intentionales Bewusstsein, das sich bestenfalls zeitweilig aufheben lässt, führt uns unausweichlich zu Utopien und Ideologien.

Beide Begriffe sind in Misskredit geraten. Um das Untereinandersein zu beschreiben, reicht es nicht aus, die Ideologie des Kapitalismus im Windschatten einer utopischen Fairness oder die Utopie der Gerechtigkeit in einer idealistischen Demokratie zu beleuchten. Der Dynamik, die mit den Abermillionen Menschen in urbanen Ballungsgebieten Ende des 19. Jahrhunderts einsetzte, scheinen auch ausgeklügelte Systemtheorien bis dato nicht Herr zu werden.

Octavio Paz formulierte die Antinomie vor gut fünfzig Jahren wie folgt: »Nach meiner ›politischen Utopie‹ sind zwar nicht alle Bürger gleich glücklich, aber alle gleich verantwortlich. Wir brauchen Entwicklungsmodelle, die realistischer, menschlicher, rentabler und sinnvoller als die jetzigen sind. Das ist die große Aufgabe unserer Zeit. Und nicht zu vergessen: der höchste Wert kommt nicht der Zukunft, sondern der Gegenwart zu. Die Zukunft ist trügerisch. Sie sagt uns immer: ›Es ist noch Zeit!‹ Aber nicht die Zukunft ist die Zeit der Liebe. Was der Mensch wirklich will, will er jetzt. Wer ein Haus des Glücks für die Zukunft baut, baut ein Gefängnis für die Gegenwart.«

Inzwischen haben wir es mit digitalen Prozessen globaler Gleichschaltung *und* Ausschaltung zu tun.

Wir brauchen keinen Gott mehr, der die Verantwortung für unsere Schicksalsschläge übernimmt, wir therapieren uns selbst. Der Haken: »Statt tatsächlich dabei zu helfen, mit den Widersprüchen und Zwickmühlen der modernen Identität zurechtzukommen, vertieft der psychologische Diskurs sie womöglich nur.« – Zu diesem Schluss kommt die israelische Soziologin Eva Illouz in ihrem Buch *Die Errettung der Seele* (2011).

Es gibt gute Gründe, alle empfohlenen Denkstile zur Beförderung eines gut geölten Selbst gleich wieder zu vergessen. Vielleicht löst sich dann ja das Paradox von reflektierter Distanznahme und strategisch gewählter Empathie schneller wieder auf als vermutet. Gut möglich, dass die Einbildung, stets immer Teil der Lösung und niemals das Problem selbst zu sein, nur ein billiger Trick ist; ob ich die Selbsttäuschung dabei durchschaue oder nicht, ist einerlei, früher oder später kommt mein Selbst eh dahinter. In der Selbstentlarvung machte Nietzsche das »größte Schwergewicht« aus, in jener dämonischen Stimme, die jede einmal getroffene Entscheidung auf uns zurückfallen lässt.

Wer sagt denn überhaupt, dass es erstrebenswert ist, mein Leid loswerden zu wollen? Soll ich mich am Ende meiner selbst entledigen?

»Haltet darum eure Empörung über Kleinigkeiten möglichst klein. Denn nur dann werdet ihr imstande sein, euch über das zu empören, was euch klein hält. Und nur auf diese Weise werdet ihr in der Lage sein, Glück zu empfinden, lohnendes Leben einzufordern – und im Glück der anderen auch euer eigenes Glück zu erkennen.« – So, glaube ich, sollte man einen Vortrag beenden. Das tat der Philosoph Robert Pfaller 2020 in Wien, nachzulesen in seinem Buch *Die Einbildungen, das Zwiespältige, die Geselligkeit*.

Und ich stelle mir vor, wie Pfaller zuvor mit Franz Schuh im Café Hegelhof saß, das Raunzen des älteren Kollegen noch im Ohr hatte: »Es gibt keine größere Weichheit, auch Gehirnweichheit, als dieses Pochen auf Verständnis, von dem die Gesellschaft als akustischer Raum im großen und ganzen widerhallt.«

Bienenfabel und Schach

Bernard Mandevilles Ruhm gründet sich auf das satirische Gedicht *Der unzufriedene Bienenstock*, das 1703 erstmals anonym erschien und – auch dank mehrerer Neuauflagen – als *Bienenfabel* in die Geschichte einging. Die Provokation des Gedichtes liegt einerseits in der Aussage, dass Tugenden wenig erfolgversprechend seien, und andererseits in den Anweisungen, wie mit den niederen Trieben des Menschen von staatlicher Seite umzugehen sei. Da heißt es zum Beispiel: »Stolz, Luxus und Betrügerei / Muß sein, damit ein Volk gedeih'.« Oder auch: »Genauso uns das Laster nutzt, / Wenn das Gesetz es kappt und stutzt, / Ja, ist so wenig aufzugeben / Für Völker, die nach Größe streben, / Wie Hunger ist, damit sie leben.«

Heute lässt sich Mandevilles Fabel leicht als Bindeglied zwischen Hobbes' Idee eines Leviathans und Adams Smiths Plänen zu einer Nationalökonomie lesen. Ernst Bloch diagnostizierte: »Das ist des Pudels Kern: Wenn viele Gauner zusammenwirken, entsteht etwas wie der Anschein eines Rechtsstaats.« Dass in diesem Wettbewerb das Wechselspiel von Angebot und Nachfrage das Gemeinwohl steigere, glaubte der Neomarxist freilich keine Sekunde.

In der Prosaminiatur *Das nützliche Mitglied* lässt Bloch Bernhard und Simon ein Kaffeehaus betreten. Weil alle Schachbretter besetzt sind, verfolgen die beiden das Spiel zweier anderer. Aus Langeweile wettet Bernhard fünf Mark auf Westfal, Simon hält dagegen und setzt auf Dysel, den Kontrahenten. Erst merken die Spieler nichts. »Doch bald wurden die Männer Rennpferde, auf die gesetzt war, und sie wurden es nicht nur, sondern fühlten sich auch selber als solche. […] Der Zorn des Siegers war völlig klar, als ihm Simon von der gewonnenen Wette, mit einem Bruchteil, den Kaffee bezahlen wollte; seine Arbeitskraft war im Leben schon genug ausgebeutet.« Bloch erläutert, wie Geschäft und Spaß in Wechselwirkung geraten, dass daraus keine Flucht möglich ist – »nicht einmal in der Flucht«. Wohl wahr! Versuche heutzutage einer, sich ohne Kreditkarte aus dem Staub zu machen!

Auch wenn der Autor mit seinen kommentierten Schilderungen kaum Platz für eigene Gedanken lässt, muss man ihm wohl attestieren, die Mechanismen des Kapitalismus sehr präzise offengelegt zu haben.

Hier und jetzt

Die Rede vom Ursprung ist spekulativ, das Setzen eines Anfangs hingegen gehorcht der Notwendigkeit des Erzählens.

Sinne und Verstand agieren ausschließlich im Jetzt; ein jeder Mensch ist tätig im Moment.

Wir nehmen Dinge wahr; werden sie zur Sache, beginnen wir sie zu verstellen – zu verstehen?

Das Erkennen eines Gegenübers führt zur Auseinandersetzung.

Handeln ist prekär, es schafft Vergangenheit.

Resonanz erfordert Aufmerksamkeit, ein Bewusstsein dessen, was Resonanz erzeugt.

Selbstbewusstsein bedeutet nichts anderes als Reflexion, nichts von Belang.

Es gibt keine Abbildung von Empfindungen.

Wer von einem Faktum spricht, erzählt von Gemachtem.

Funktionen sind Maultiere, also unfruchtbar.

Ein jedes Programm ist in seiner Begrenztheit definiert.

Fortsetzung? – sprich Kontamination und Kontingenz.

Waage ist ein Wort, Gewicht ein anderes. Schwerkraft und Balance, das meint Erzählen.

Gibt es eine Vorstellung ohne Helden? Ohne Rausch?

Zukunft liegt im Auge des Betrachters, in der Wahrnehmung dessen, was gedeiht. Ohne Worte.

Das gemachte Nest

Das Ich ist das Einzige, was den Nihilismus überleben kann. – Auf diese knappe Formel lässt sich das philosophische Programm des 19. Jahrhunderts bringen. Sich befreiend von Religion und aufoktroyierter Sittlichkeit, keiner vorgegebenen Menschlichkeit und auch nicht *dem* Menschen verpflichtet, sondern lediglich sich selbst, nur so ist ein ersprießliches Dasein überhaupt möglich. Dezidiert findet sich dieses Programm in Max Stirners *Der Einzige und sein Eigentum* (1844/45). Vielleicht auch dank des Brandbeschleunigers Nietzsche geriet das *principium individuationis* im darauffolgenden Jahrhundert zur nackten Existenz, der Jean-Paul Sartre die absolute Freiheit zusprach. Der Ego-Trip mündete in die Ich-AG und führte im Zuge der Digitalisierung in die Isolationshaft, so dass David Humes Vorstellung einer »Sympathie mit dem Glück der Menschheit« vollends in den Hintergrund gedrängt wurde.

Es gab allerdings auch Vertreter der Existentialphilosophie, welche die Metaphysik nicht zugunsten der sich Bahn brechenden Phänomenologie opferten, die weniger das In-die-Welt-geworfen-Sein betonten, sondern vielmehr davon ausgingen, dass wir im gemachten Nest aufwachen, mit einem geistigen Erbe konfrontiert, das sich nicht einfach unter dem Stichwort Phylogenese ad acta legen lässt. »Der Mensch«, schreibt Gabriel Marcel, »der in der bloßen Ansammlung lebt, ist im tiefen Sinne des Wortes ein Mensch ohne Erbe und ein Mensch, der niemandem etwas hinterlassen wird.«

Marcel versteht die Gabe zur Erkenntnis als direkt an das geistige Erbe gekoppelt. Die französische Sprache ist geschmeidiger, zumal in »conaissance« sowohl Erkenntnis als auch Mitgeburt steckt, in »reconaissance« wiederum Anerkennung und Dankbarkeit, die als »action de grâce« – als Danksagung – die Gnade stets mitführt. Geht es um das Nichts, worin Sartre die Freiheit begründet sieht, oder geht es doch um etwas, das den Menschen (um-)greift? Volker Gerhardt plädiert für den »universellen Status allgemeiner Erkenntnis«, darin verbirgt sich *Der Sinn des Sinns* (2014): »Gibt der Mensch dem Ganzen [...] einen Wert, der die bloße Summe seiner Teile überschreitet, wächst er selbst mit, auch wenn er nur ein Teil des Ganzen ist.« Oder wie Blaise Pascal in seinen *Pensées* (1669) festhielt: »Die ganze Kette der Menschheit ist nur ein einziger Mensch, der immer fortbesteht.«

Es liegt auf der Hand, dass ein Algorithmus weder von Mitgeburt noch von Dankbarkeit oder Gnade etwas verstehen, geschweige denn vermitteln kann, sondern lediglich als bloße Ansammlung operiert.

Wer sich in unseren Breitengraden nun plötzlich seines Eingebettetseins erinnert, kann sich ja die Frage stellen, in welches Nest wir die Menschen des globalen Südens fallen gelassen haben.

Die Freiheit der Katzen

Es ist richtig, dass inzwischen jeder die Scheiße seines Hundes selber wegräumen soll. Wie weit aber kann man mit der Trennung des Mülls noch gehen, ohne den Verdacht zu hegen, es käme später (fast) alles in derselben Verbrennungsanlage wieder zusammen? –

Wie lange darf ich mich noch ohne schlechtes Gewissen von Fleisch ernähren?

Warum müssen elektronische Geräte immer schneller ersetzt werden?

Wofür braucht es noch kein Formular?

Wann werden Münzen abgeschafft?

Wer zitiert heute noch aus Büchern?

Ist das Personal an Schaltern nicht viel zu teuer?

Wann werden Übersetzungsprogramme perfekt sein?

Wie lange braucht es noch Lehrerinnen und Lehrer?

Wir sind unvermindert fleißig dabei, die Normativität und in der Folge die Uniformität unserer Gesellschaft zu befördern. Womöglich sind auch neuerliche nationalistische Bestrebungen eine Konsequenz dieses Strebens: Wer nicht zu hundert Prozent in eine Gesellschaft passt, ist suspekt und wird ausgegrenzt. Konsumenten sind hochwillkommen. Und Genießer? Es ist immer der andere, der mit dem Finger auf dich zeigt.

Es ist richtig, dass inzwischen jeder die Scheiße seines Hundes selber wegräumen soll. Ich empfehle ja, auf Katzen umzusteigen.

Ein Machtvakuum gibt es nicht; falls doch, wäre es das Ende der Vorstellung. Eine der brennenden Fragen, die es zu klären gilt, stammt vom Religionswissenschaftler Marco Frenschkowski: »Wenn es wahr sein sollte, dass jede Gesellschaft die Schrecken und Monster erfindet, die sie verdient hat, was besagt es dann für das Psychogramm einer Gesellschaft oder einer Gruppe, wenn sie sich als unterwandert, als gefährdet durch geheime Gesellschaften und Bünde erlebt?« – Die spontane Antwort lautet: Wenn das eine auf Erfindung beruht, dann auch das andere. So leicht ist das aber nicht. Die Idee, den Mount Everest zu besteigen, dürfte zwar für viele ein Wunschtraum bleiben, doch es gibt welche, die nachweislich dort oben waren. Der Vorsatz, zu unterscheiden zwischen dem, was Hirngespinst ist und bleibt, von dem, was tatsächlich wirkt, besteht wohl schon länger.

Ein Holocaust-Leugner ist so fehlgeleitet wie jemand, der Corona für ein harmloses Computerspiel hält. Das neuerliche Aufkommen von Verschwörungstheorien, ob es den Klimawandel, Flüchtlingsströme oder Präsidentschaftswahlen betrifft, dürfte ein starkes Indiz dafür sein, dass uns bald jede Orientierung abhandenkommt. Verschwörungstheoretiker lassen selten Zweifel darüber aufkommen, wer was zu welchem Zweck inszeniert. Zu wissen, wo der Hammer hängt, hilft, und die Bösen identifizieren zu können, zumal man selbst grundsätzlich zu den Guten gehört, umso mehr.

Es gibt allerdings nur eine Ausnahme, die eine absolute, durch alle Intrigen hindurch in Kraft bleibende Loyalität unter Verschwörern gewährleisten könnte – wenn diese nicht menschlicher Art sind. In diesem Fall kann nur noch Meister Yoda helfen. Und in unserem Fall? »Wenn Gesellschaften sich nicht mehr darauf verständigen können, was wahr ist, können sie auch die drängenden Probleme des 21. Jahrhunderts nicht meistern.« – Mit dieser Aussage schließt Michael Butter seine lesenswerten Studien zu Verschwörungstheorien in *»Nichts ist, wie es scheint«* (2018) ab.

Wohl ein oder zwei Sätze zu früh, denn eine Lösung tut not! Vielleicht müssten wir uns ja darauf verschwören, die Fragmentierung der Gesellschaft rückgängig zu machen, so unmöglich das auch scheinen mag.

Vier Freunde intonieren Eric Claptons Klassiker *Layla*. Leserinnen und Leser sind eingeladen: »Komm in den Kreis hinein, den die lebendige Musik um uns alle schlägt, hinein in die Fruchtblase, die sich um jede Gruppe von Menschen bildet, die gemeinsam musizieren.« – Da schwingt reichlich Pathos mit, und wir würden Michael Kleeberg, aus dessen *Diwan* die geschilderte Szene stammt, des Kitschs zeihen, hätten wir nicht auch schon solche Momente des Aufgehobenseins erlebt.

Die Zeit tritt außer Kraft, hinter geschlossenen Augen werden Sehnsüchte geweckt. »Die rituelle Gemeinschaft ist eine *Körperschaft*«, wie der Philosoph Byung-Chul Han darlegt, Resonanzräume werden erzeugt: Intensität und Widerhall. Es ist unser Atem, der sich dem zweiten Hauptsatz der Thermodynamik widersetzt, der Entropie entgegenwirkt. Unser Atem schafft die Körperschaft. Womöglich ist die Ausdehnung jener »Fruchtblase«, von der Kleeberg spricht, begrenzt, dennoch sollten wir die Resonanzräume, wie wir sie als Menschen erzeugen können, wollen wir nicht aus dem Takt geraten, genauer untersuchen. Denn darin dürften die Rhythmen verborgen sein, nach denen eine Gesellschaft tanzt.

Du kriegst, was du verdienst

Im Gedicht *Ein amerikanischer Traum* schildert der Lyriker Jürg Halter, wie aus dem Chicago River ein roter Ballon ein lachendes Kind aus dem Wasser zieht, wie sich die Wolkendecke öffnet und der rote Ballon mit dem Kind in den blauen Himmel einzieht. Hier die letzten zwei Strophen: »Der Fluß trägt einen Kinderschuh / ruhig aus der windigen Stadt. // Im zum Himmel gerichteten Blick / eines tagträumenden Passanten / schließt sich der Vorhang wieder.«

Der amerikanische Traum vom Aufstieg dürfte so alt sein, wie es Tellerwäscher gibt. Barack Obama wurde während seiner Amtszeit nicht müde, den Menschen das entsprechende Programm vor Augen zu halten: »Wie immer man sein mag, wie immer man aussieht, wo immer man herkommt – man kann es schaffen. Das ist ein wesentliches Versprechen Amerikas.« In jener Vorstellung, die uns der Lyriker gibt, könnte gar die Hoffnung keimen, Republikaner (der *rote* Ballon) und Demokraten (der *blaue* Himmel) würden einst zueinanderfinden. Doch »der Vorhang schließt sich wieder«, die Fortsetzung findet hinter den Kulissen statt.

Die Kernbotschaft des amerikanischen Traums – »Du kriegst, was du verdienst« – ist allerdings eine wenig hoffnungsfrohe. Michael Young, ein luzider britischer Soziologe, prägte den Begriff »Meritokratie«, also die Herrschaft der Meriten, sprich der erworbenen Verdienste. »Heute weiß jeder – bis zum Letzten und Ärmsten –, dass ihm alle erdenklichen Möglichkeiten geboten worden sind … Müssen solche Leute nicht zwangsläufig anerkennen, dass sie einen niederen Status haben, und zwar nicht etwa, weil man ihnen (wie in der Vergangenheit) die Chance verwehrt hatte, sondern weil sie tatsächlich minder-wertig sind? Zum ersten Mal in der menschlichen Geschichte hat das unterwertige Individuum keine Möglichkeit, für seine Verhältnisse jemand anders verantwortlich zu machen.« – Das schrieb Young im Jahr 1958. Kürzlich kommentierte Michael J. Sandel die Weitsicht des Soziologen: »Er schloss seine dystopische Erzählung mit der Vorhersage, dass die geringer gebildeten Klassen sich 2034 in einer populistischen Revolte gegen die meritokratischen Eliten erheben würden. Als Großbritannien 2016 für den Brexit und Amerika für Trump stimmte, ereignete sich diese Revolte 18 Jahre früher als geplant.«

Jürg Halters Kinderschuh dürfte inzwischen verloren gegangen sein.

Selbstbezeugung

Ihr schönstes Kleid sei zusammengesetzt aus den liebsten Briefen, die sie bislang bekommen habe. Noch hänge es im Schrank, und sie warte auf die richtige Gelegenheit, es anzuziehen. Leider sei es derzeit gänzlich aus der Mode, den eigenen Schmuck so offen herumzutragen.

Der Mensch als Kunstwerk, nicht als Kopie: »Niemand kann dir die Brücke bauen, auf der gerade du über den Fluß des Lebens schreiten mußt, niemand außer dir allein.« Friedrich Nietzsche war bekanntlich kein Freund der Herde. Er vertrat die Ansicht, ein jeder Mensch sei ein Unikat. Und einmal zu dieser Erkenntnis gelangt, ist das Individuum in die Pflicht genommen, seine Einzigartigkeit zu verwirklichen. Nietzsche befürchtete, dass alsbald neben der »autonomen Herde« keine andere Gesellschaftsform mehr geduldet werde: »... eins im zähen Widerstande gegen jeden Sonder-Anspruch, jedes Sonder-Recht und Vorrecht (das heißt im letzten Grunde gegen jedes Recht: denn dann, wenn alle gleich sind, braucht niemand mehr ›Rechte‹ –).«

Damit ist die Dystopie einer absoluten Gerechtigkeit an die Wand gemalt, wer sich nicht an die Regeln hält, der Uniformität nicht Folge leisten mag, wird nicht mehr bestraft, stattdessen ausgesondert. Wenn alle gleich sind, gibt es kein Recht mehr auf Strafe. Zu kurz gedacht! Wenn alle gleich sind, kommt es zu keiner Klage mehr. Wenn alle gleich sind, besteht weder Anlass noch Grund, jemanden auszuschließen oder zu bestrafen. Wofür denn auch? Schließlich sind alle gleich. Anerkennung gibt es dann allerdings auch keine mehr.

Yuval Noah Harari nimmt diesen Gedanken in seiner *Kurzen Geschichte der Menschheit* (2013) wieder auf: »Weil beispielsweise heute alle an die Gleichheit glauben, schreibt die Mode vor, dass auch reiche Kinder Jeans tragen, auch wenn die Baumwollhosen früher nur von Arbeitern getragen wurden.« Harari ist überzeugt, »dass sich die Geschichte unaufhaltsam Richtung Einheit entwickelt«.

Rekapitulieren wir: Aristoteles sah den Menschen noch als soziales Wesen, als ein Teil des Ganzen. Thomas Hobbes korrigierte insofern, als die Natur offenbar nicht in der Lage ist, die zwischenmenschlichen Dinge zu regeln, es also einer künstlichen Vernunftordnung bedarf. Nietzsche erkannte, worauf Konformität hinausläuft, Foucault lieferte die Belege, Hariri nickt ab, und das Publikum jubelt sich selbst zu.

Seither investiert ein jeder Mensch, der das eigene Denken noch nicht aufgegeben hat, in den hauseigenen *Panic Room*. Eines Tages wird es ganz still sein.

Nerven sind keine Sehnen, auch wenn das die Wortherkunft nahelegt, auch kein Röhrensystem wie der Blutkreislauf. Gleichwohl baute Friedrich Anton Mesmer (1734–1815) auf der Idee eines Nervenfluidums eine eigene Wissenschaft auf, den *animalischen Magnetismus*. Leiden, für die es keine äußeren Merkmale gab, mussten auf eine Störung der inneren Harmonie zurückzuführen sein, Blockaden in den Nervenströmen, die es zu lösen galt.

Durch erste Heilerfolge in seinen Überzeugungen bestärkt, verfasste Mesmer 27 Merksätze, seine *Abhandlung über die Entdeckung des thierischen Magnetismus*. Der letzte Satz daraus: »Diß Lehrgebäude wird den Arzt in Stand setzen, die Gesundheit eines jeden bestimmt zu beurtheilen, ihn vor aller Krankheit, der er etwa ausgesetzt sein könnte, zu verwahren, und folglich die Heilkunst auf den höchsten Gipfel ihrer Vollkommenheit bringen.« Der Arzt vom Bodensee glaubte an die Existenz einer »äusserst feinen Flüssigkeit«, von der zum Beispiel auch die »wechselseitigen Würkungen« von Ebbe und Flut herzuleiten sind, »und von ihr hangen die Eigenschaften der Materie und der organischen Körper ab«. Heraklits Ideen verwandt, ging auch Mesmer von einem Spannungsverhältnis aus, welches das Leben ausmache, »entgegen gesetzte Pole«, deretwegen »der menschliche Körper magnetähnliche Eigenschafften« habe, die man beeinflussen könne.

Ein früher Vertreter des Funktionalismus? Die Wechselwirkung unterliege »bisher unbekannten Gesetzen«; Mesmer dürfte durchaus die Hoffnung gehegt haben, dass diese Gesetze dereinst ergründet werden.

Der Funktionalismus treibt bis heute die sonderbarsten Blüten, nicht zuletzt in der Forschung über künstliche Intelligenz, in der Hoffnung auf *den* Bot, der genauso funktioniert wie ein Mensch. Ich halte mich da lieber an die Erkenntnis aus Martin Seels *Theorien* (2009): »Der Gedanke, dass Schnee weiß ist, wird in keinem Gehirn je aufzustöbern sein, so wenig wie die Absicht, sich an das Tempolimit zu halten. Gedanken und Absichten sind keine Gehirnzustände.«

Die Wirkung wird zwar für den Betroffenen spürbar, sie trifft ihn zuweilen sogar hinterrücks, vernichtet ihn womöglich, doch eine Ursache, einen Urheber, gibt es nicht mehr. Das wohl meinte Hannah Arendt mit der »Macht des Niemand«.

In Franz Kafkas unvollendetem Roman *Das Schloß* legt sich K., der von woanders kam, mit einem übermächtigen Gegner an; er möchte zu ihm vordringen, und er setzt alles daran, den Vertretern des Schlosses näher zu kommen, an erster Stelle Klamm, dessen Machtbefugnisse dem Vernehmen nach sehr weit reichen. Ob es Klamm überhaupt gibt?

Das eigene Schicksal wäre ohne eine Machtinstanz unerträglich, es setzt sie nämlich voraus. Ein Niemand ist nur scheinbar nichts, das wissen wir spätestens seit Homers Odysseus. Harry G. Frankfurt hielt fest: »Die Realität, die uns zwingt, bei Fragen der praktischen Normativität stets die Augen nach möglichen Korrekturen unserer Ansichten offenzuhalten, ist eine Realität, die in uns selbst liegt.« Ein jeder hält den Schlüssel zum Schloss in seiner Hand.

Des Wartens auf Klamm müde und bestärkt durch die Aufforderung des Kutschers, öffnet K. schließlich das Gefährt, dessen Innenraum mit Pelz ausgelegt ist, bedient sich des Kognaks, den er in einer Seitentasche findet, genießt, lässt aber, im ersten Anflug eines schlechten Gewissens, die Flasche fallen, verlässt die Kutsche, und der Zauber ist vorbei.

Ein Betrunkener sucht den verlorenen Schlüssel bekanntlich unter der Laterne, weil es dort eben heller ist. Wie aber gerät man nüchtern in den Besitz des Schlüssels?

Massenandrang

Vielleicht lag es an den Eindrücken der Weltwirtschaftskrise von 1929, dass das Phänomen der Masse besonders in den Blick geriet. Karl Jaspers schrieb: »Die Herrschaft der Masse dringt in die besonderen Tätigkeiten und Lebensweisen des Einzelnen. Es ist Lebensbedingung geworden, eine Funktion zu erfüllen, welche irgendwie Massen dient.« – Noch zuvor war José Ortega y Gassets Buch *Der Aufstand der Massen* (1930) erschienen: »Seit dem Beginn der europäischen Geschichte im 6. Jahrhundert bis 1800 – also zwölf Jahrhunderte lang – beträgt die Einwohnerzahl Europas nie mehr als 180 Millionen. Von 1800 bis 1914 – also in wenig mehr als einem Jahrhundert – steigt die europäische Bevölkerung von 180 auf 460 Millionen!« Es waren mit einem Mal zu viele, um allen »die überlieferte Kultur zu vermitteln«, so lautet die Schlussfolgerung des Philosophen, und er beklagt das Verschwinden des rundum Gebildeten, das Erscheinen von Fachgelehrten.

Tatsächlich starb die Spezies der Universalgelehrten mit Elias Canetti im Jahr 1994 aus, dennoch halte ich an diesem Geist fest: »Wenn der Höherwechsler überhaupt nicht mehr zu reden aufhört, weiß man, er schläft. Da hört er nicht mehr, da gibt er unaufhörlich heraus, da bekommt er gar nichts, da ist er glücklich.« – Eine treffende Selbstbeschreibung, wie ich finde. Mir egal, dass Canetti inzwischen tot ist, ich kann ja nachlesen: »Nur zögerndes Wissen zählt. – Das ist es, was Computern am meisten abgeht. Zögern.«

Was er sich in den kanadischen Wäldern zu finden erhoffe, fragte sie jetzt. Carsten fühlte sich in die Enge getrieben, nachdem ihm die Mongolei mit Pferden und der Wüstentrip durch die Sahara abspenstig gemacht worden waren. Er wurde in diesem Reisebüro nicht ernst genommen, dabei hatte er, weiß Gott, allen Mut zusammengenommen, um sich dieser Herausforderung zu stellen. Er war abgebaut worden, hatte sich aber entschieden, aus der Not eine Tugend zu machen, die Auszeit mit einem Aufbruch anzugehen, sich aus der Wohlfühlzone zu verabschieden.

Carsten wusste, dass die meisten ihre Urlaube im Internet buchten, auch er war über die Kontinente gesurft, doch fehlte ihm für einen Abenteuerurlaub, wie er ihn sich vorgenommen hatte, jegliche Erfahrung. Sein Blick rutschte tiefer, er fixierte das Namensschild der Fachfrau, was vielleicht nicht schicklich war, doch wo sollte er sonst hinsehen?

Ob sie ihm denn eine Kreuzfahrt empfehlen könne, wagte er nachzufragen. Die Frau machte große Augen, gleich würde sie ihm den Kopf abreißen; sie begnügte sich jedoch mit der Bemerkung, Exoten seien auf Schiffen hochwillkommen; in der Regel verirre sich kein junger Mann auf eine Kreuzschifffahrt, es sei denn, er gehöre zum Personal.

Ob das jetzt Zynismus war, der ihm entgegenschlug, wollte Carsten sich nicht überlegen. Die Frau ließ ihm auch keine Zeit, stellte vielmehr zur Disposition, dass er doch angetreten sei, um ein Abenteuer zu buchen; dem stünde eine Verfrachtung in die geriatrische Abteilung diametral entgegen.

Im Augenwinkel hatte Carsten den besorgten Blick der Kollegin bemerkt. Wenn er die Situation richtig deutete, dann machte sich die Frau nebenan weniger Sorgen um ihn als … Welche Vorstellung von Wildnis er überhaupt habe, setzte seine Gegenüberin scharf nach. Das war schon Nötigung. Er hob den Kopf, sah das Feuer in ihren Augen, fand aber kein Wort. »Wildnis heutzutage meint: unfreiwillig unbekannten Leuten ausgesetzt zu sein!« – Das sagte sie im Aufstehen, ein Fauchen war's, und sie entfernte das Namensschild von ihrer Bluse. »Ich kündige.« Und weg war sie.

Jeden Abend seither zwingt Carsten sich aus der Wohnung, klappert die Bars und Clubs ab, um die Wildnis zu erfahren. Wäre er damals schlagfertiger gewesen, er hätte seiner Beraterin einen Heiratsantrag gemacht.

Carsten erwägt, wie er unlängst mitteilte, einen Umzug, allmählich gingen ihm in der Stadt die unbekannten Gesichter aus. Ich weiß ja, dass er die Suche noch nicht aufgegeben hat. Das Namensschild, so geistesgegenwärtig war er gewesen, hatte er damals im Reisebüro eingesteckt.

Es gibt zu wenig Organspender. Deswegen steht die sogenannte »Zustimmungslösung« im Raum. Es könnten jährlich Tausende von Menschenleben gerettet werden, wenn man »die Bereitschaft der Menschen, Organe zu spenden, erst einmal als gegeben voraussetzt«, schreiben Richard H. Thaler und Cass R. Sunstein in ihrem zum Bestseller avancierten Werk *Nudge* (2008). Unter »Nudge« verstehen die Autoren »Maßnahmen, mit denen Entscheidungsarchitekten das Verhalten von Menschen in vorhersagbarer Weise verändern können, ohne irgendwelche Optionen auszuschließen oder wirtschaftliche Anreize stark zu verändern«.

Das Schlagwort dazu lautet »libertärer Paternalismus« und meint so viel wie väterliche Fürsorge, ohne die Freiheit des Einzelnen einzuschränken. Schön. Und gut? Thaler und Sunstein verwenden viel Energie darauf zu erläutern, dass es sich dabei gerade nicht um einen Widerspruch in sich handelt. Was die vorausgesetzte Zustimmung zur Organspende betrifft, soll ein jeder per Mausklick diese Zustimmung verweigern dürfen. Genau genommen entspricht das einer Übung im Umgang mit Absurdität für Fortgeschrittene. Die Anleitung dazu lautet: Man nehme eine Zustimmung zurück, die man nie gegeben hat.

In jenen Staaten, wo die Zustimmungsregelung in Kraft getreten ist, stieg die Zahl der Organspender sprunghaft an, und infolgedessen wurde so manches Leben gerettet. Die Trägheit des Einzelnen – oder genauer: die Trägheit vieler – wird zu einem guten Zweck genutzt. Das ist doch gut?

Wer aber will wissen, was die richtigen Entscheidungen

für die Zukunft sind? Lässt man Revue passieren, was in den unterschiedlichen Ländern in den Pandemie-Jahren an Maßnahmen zur Bekämpfung von Corona ergriffen wurde, so erkennt man rückblickend ein anhaltendes Nudging, das aber zugleich eine Abfolge von Widersprüchen war. Und selbst für den Fall, dass die Entscheidungsträger im Großen und Ganzen jeweils richtig lägen, führte diese Anschubserei nicht zu einem Stoßverkehr, der bald keine Neben- oder Sonderwege mehr erlaubt?

Konventionen sind unerlässlich, Konformität hingegen führt zur Degeneration, Uniformität ins Nichts.

Da erreichte uns just Anfang Januar 2022 die Erfolgsmeldung aus Maryland: Nach achtstündiger Operation pocht nun in einer menschlichen Brust das erste Schweineherz ... auch wenn der Patient zwei Monate später verstarb.

Lasst uns ein Panoptikum bauen! Was nach Jeremy Benthams Intention, er gilt schließlich als Begründer des Utilitarismus, lediglich der Steigerung des Nutzens dienen sollte, offenbarte sich Michel Foucault auf ambivalente Weise: »Das psychiatrische Asyl, die Strafanstalt, das Besserungshaus, das Erziehungsheim und zum Teil auch die Spitäler – alle diese der Kontrolle des Individuums dienenden Instanzen funktionieren gleichermaßen als Zweiteilung und Stigmatisierung (wahnsinnig – nichtwahnsinnig, gefährlich – harmlos, normal – anormal) sowie als zwanghafte Einstufung und disziplinierende Aufteilung.«

Die Kontrolle, die im Panoptikum von einem unsichtbaren Turmwächter ausgeübt wird, hat sich inzwischen auf Kameras übertragen, die omnipräsent sind. Die Digitalisierung ermöglicht das Erfassen von Daten auf eine Weise, wie es zu Zeiten Foucaults – *Überwachen und Strafen* erschien erstmals 1975 – kaum vorstellbar war. Was vor bald fünfzig Jahren übertrieben erschien, kommt uns wie eine Verniedlichung der Welt vor. Die von Foucault erwähnte Zweiteilung hat sich in einem Maße durchgesetzt, dass wir davon schon wieder kaum mehr etwas merken, dabei dreht sich heute (fast) alles um erfolgreich oder gescheitert, Hochschulabschluss ja oder nein, vermögend oder arm. Die *Disziplinarmacht* hat in den letzten Jahrzehnten das Leistungsprinzip befördert und den Konformitätszwang erhöht, so dass Nischen kaum noch zu finden sind.

Was schon Foucault erkannte: Viele dieser trennenden Wände zwischen den Individuen, wie sie Bentham noch für die einzelnen Zellen vorgesehen hatte, sind gar nicht nötig. Haben sich die Spielregeln der Effizienz einmal durchgesetzt und wissen alle, was als normal und richtig gilt, setzt eine gegenseitige Kontrolle ein: »... die Perfektion der Macht vermag ihre tatsächliche Ausübung überflüßig zu machen; der architektonische Apparat ist eine Maschine, die ein Machtverhältnis schaffen und aufrechterhalten kann, welches vom Machtausübenden unabhängig ist; die Häftlinge sind Gefangene einer Machtsituation, die sie selber stützen.«

Jüngste Bestrebungen zu einer bargeldlosen Gesellschaft werden die Kontrolle weiter erhöhen. Der Wirtschaftsjournalist Norbert Häring gibt allerdings zu bedenken: »Wenn wir irgendwann keinen Zugang mehr zu Bargeld haben oder nur noch kleine Beträge abheben können, dann hat das drastische Konsequenzen für uns alle: Es bedeutet, dass wir ›unser‹ Geld dauerhaft Banken anvertrauen müssen, egal wie bankrottgefährdet diese sind.«

Geht das Geld eines Tages verloren, fallen die Schulden wieder unvermittelt auf uns zurück. Sind wir erst einmal das Bargeld los, geht damit ein Verlust der Würde einher, so widersinnig das zunächst erscheinen mag.

Friedfertigung

Da stehen ältere Herren in Reih und Glied
die Morgensonne blendet, der Tag ist noch jung

Viele haben dem Aufgebot Folge geleistet
reißen Witze, als wären sie wieder achtzehn

Ein wenig klamm die einen, stramm die anderen
denn so will es das neue Gesetz, weltweit:

Keiner unter siebzig darf eine Waffe tragen.

»Niemand hat je bezweifelt, dass es um die Wahrheit in der Politik schlecht bestellt ist, niemand hat je die Wahrhaftigkeit zu den politischen Tugenden gerechnet. Lügen scheint zum Handwerk nicht nur des Demagogen, sondern auch des Politikers und sogar des Staatsmannes zu gehören. Ein bemerkenswerter und beunruhigender Tatbestand.« – So begann Hannah Arendt 1967 ihren Essay *Truth and Politics*. Und die Philosophin stellte die Frage: »Ist schließlich nicht Wahrheit ohne Macht ebenso verächtlich wie Macht, die nur durch Lügen sich behaupten kann?« Arendt rekurrierte auf Kant, auf Gemeinsinn und Meinungsfreiheit als Bedingungen für die Möglichkeit von Moralität, sie erkannte aber auch: »Wer im Namen von Interessen und Macht spricht, kann nicht mehr glaubwürdig sein; er kann als Person für das, was entweder unglaubwürdig klingt oder den Interessen von vielen zuwider ist, nicht mehr bürgen.«

Wen auch immer ich auf meinem Wahlzettel ankreuze, es ist also die Person, von der ich mich am liebsten anlügen ließe?

Wahrheit ist nicht verhandelbar. Ein Handeln bezweckt eine Veränderung, übt sich im Umgang mit Tatsachen, und selbst wenn wir Tatsachen als Abbilder der Wahrheit verstehen wollten, so ist der Umgang damit ein Dazwischengehen. »In einer Welt, in der man mit Tatsachen nach Belieben umspringt, ist die einfache Tatsachenfeststellung bereits eine Gefährdung der Machthaber.« Gefährdet Nawalny tatsächlich Putin? Glaubt jemand noch an eine Demokratie in Hongkong? »Hitlerismus und Churchillismus sind im Grunde dasselbe, sie unterscheiden sich nur graduell«, meinte Mahatma Gandhi noch im Oktober 1941. – Das sehen wir doch heute ganz anders, oder?

Hannah Arendt glaubte an »die vierte öffentliche Gewalt«, an die Presse als kritisches Organ (solange sie »frei und nicht korrupt ist«). Und die Watergate-Affäre sollte ihr recht geben. Die Affäre um Julian Assange und Wikileaks hat sie nicht mehr erlebt.

»Auf Werbung kann man nicht antworten«, hält der Politikwissenschaftler Colin Crouch in seiner luziden Analyse zur *Postdemokratie* fest: »Es ist nicht sinnvoll, den Markt zu einem absoluten Prinzip oder kategorischen Imperativ zu erheben, da er lediglich ein Mittel darstellt, gewisse Ziele zu erreichen, keinen Zweck an sich.« Wenn politische Verlierer ihren Misserfolg auf unglücklich geführte Kampagnen zurückführen, so geschieht das nicht aus einer Arroganz der Macht heraus, eine solche Diagnose kommt auch nicht einer nachgereichten Entschuldigung gleich, vielmehr liegen die Strategen bei der Analyse ihrer Wahlniederlagen goldrichtig.

Um allerdings Werbung in ihrer perfiden Wesensart zu verstehen, empfiehlt sich ein Blick in Franz Schuhs *Schwere Vorwürfe, schmutzige Wäsche* (2006): »Die Aussage der Werbung ist nicht nur primitiv, sondern auch immer dieselbe: Die Gesellschaft ist ein Paradies.«

Es ist der Hort, wo Rituale gepflegt werden und Gemeinsinn entsteht, wo Geborgenheit erfahren wird genauso wie Widerstand. Es ist die geschützte Werkstatt, wo das Scheitern noch möglich ist, die Suche im Vordergrund steht, Orientierung ein Prozess ist und keine vorgefertigte Einbahnstraße. Es ist der Ort der Einkehr und Umkehr, des Wiederkehrens, und so manchem jungen Menschen ein sicherer Hafen als das Elternhaus. Die Schule ist *die* herausragende Erfindung der Zivilisation, jene Errungenschaft, die zugleich ihr Fundament bildet und deren Zukunft eröffnet.

Es ist das jeweilige Gebäude mit seinen Unterrichtszimmern und Aufenthaltsräumen, den Fluren und Treppen, das eine Körperschaft beherbergt, wo Handzeichen gegeben werden, Blicke getauscht, wo sich immer neue Gruppen bilden, diskutiert wird und geschwiegen, gelacht und gelitten. Emotionen generieren Resonanzräume, die das Klima befördern, in dem man sich Bildung verschafft – grad weil sie nicht gegeben, weder verliehen noch eingetrichtert werden kann. Und manchmal halten Freundschaften, die in diesen Gemäuern entstehen, ein Leben lang. Kurzum: Das Schulgebäude ist *the place to be*.

Einige Menschen, so hoffe ich, die bis vor Corona glaubten, man könne Schule leichthin digitalisieren und downloaden, sind inzwischen eines Besseren belehrt worden.

Noch unter den Eindrücken von 9/11 schrieb Zygmunt Bauman: »Sie verfügen nicht über Armeen, sondern über *Schwärme* von Terroristen, die nicht koordiniert, sondern lediglich synchronisiert werden müssen, über flache Hierarchien verfügen und die je nach Situation von neuen Offizieren geleitet werden. Um – wie es scheint: *ex nihilo* – ein terroristisches ›Einsatzkommando‹ ins Leben zu rufen, reicht es oft aus, ein hinreichend spektakuläres Exempel zu statuieren, das dann von sensationslüsternen Fernsehsendern gehorsam und unverzüglich auf allen zur Verfügung stehenden Kanälen in Millionen Wohnzimmer transportiert wird.«

Bauman sah damals schon die Supermacht Amerika am Ende, und er rief als vermittelnde Instanz, wenn es denn noch eine »allgemeine Vereinigung der Menschheit« (im Sinne Kants) geben solle, die Europäer an. Die Paradoxie ist bemerkenswert: Einerseits die unkontrollierbaren Schwärme, die sich in Nullkommanichts formen, andererseits der Glaube an eine alte europäische Macht, die kraft der Vernunft noch in der Lage sein soll, wieder für Ordnung zu sorgen. Als ließen sich neue Spiele mit alten Regeln definieren, als gäbe es so etwas wie kollektive Einsicht.

Flugformationen von Vogelschwärmen haben etwas Erhabenes an sich, Heuschreckenschwärme etwas Existenzbedrohendes, mit Reflexion hat das aber alles wenig zu tun. Was auch immer getwittert und gepostet wird, es findet seine Follower, sprich Mitläufer. – So dachte ich, bis mir Ian McEwan die Geschichte der *Kakerlake* erzählte. Wie Gregor Samsa erwacht Jim Sams eines Morgens als ein anderer.

Wurde damals in Prag aus einem Menschen plötzlich ein Käfer, wird im London der Gegenwart aus einer Kakerlake der britische Premierminister. Allerdings: In McEwans Novelle bemerkt die Verwandlung von Jim Sams kein Mensch. Und was den inneren Zirkel der Macht anlangt, findet sich der Premier unter seinesgleichen: »Nie wäre ihm in den Sinn gekommen, dass die gewaltige Last seiner Aufgabe auf mehrere verteilt sein könnte, dass andere wie er zu den diversen Ministerien eilten, um fremde Körper zu übernehmen und den Kampf zu beginnen. Einige Dutzend, ein kleiner Schwarm der besten ihrer Nation, gekommen, um eine schwächelnde Führungsriege zu erobern und ihr neuen Mumm einzuflößen.«

Es ist, will man die Gattungsbezeichnung *Novelle* ernst nehmen, durchaus so, dass der entsprechende Text vor einer historischen Folie spielt. Das zu glauben, fällt angesichts der Kakerlaken an der Macht, denen offenbar eine samtene Revolution glückte, noch ein wenig schwer. Wenn ich allerdings entscheiden muss, wem ich mehr Glauben schenken soll, den Literaten oder den Politikern, dann weiß ich Bescheid.

Das Volk der Amazonen hatte eigentümliche Kriegsregeln; das Ziehen in die Schlacht war an eine existenzielle Notwendigkeit geknüpft – es diente der Fortpflanzung. Amazonen durften sich nur mit einem Mann einlassen, den sie zuvor in der Schlacht besiegt hatten.

Für die Priesterinnen und die Königin der Amazonen war dies Vorgehen normal, es entsprach ihrer Kultur, es war geltendes Recht. Die Kriegerinnen scherten sich nicht darum, ob sich zwei andere Parteien – etwa die Griechen und die Trojaner – miteinander im Krieg befanden, sie warfen sich in die tobende Schlacht. Zu den Gesetzen gehörte auch, dass sich eine Amazone nicht im Voraus einen Mann aussuchen durfte, den sie zu unterwerfen gedachte, vielmehr sollte sie vom Schicksal geleitet an den Richtigen geraten. Daran hielt sich Penthesilea gerade nicht, hatte sie sich doch in Achilles verguckt und trachtete danach, dieses Exempel von Mann vor ihre Füße zu zwingen, um sich hernach … nun, das Vorhaben misslang gründlich.

Just im richtigen Moment tritt ein Herold aus Achilles' Lager auf, der Penthesilea die Aufforderung zum Duell überbringt. Auch Achilles ist verliebt, und er hat im Sinn, sich in einem Scheinduell der Königin nachträglich zu ergeben. Penthesilea, allen Pflichten und Privilegien durch die Oberpriesterin enthoben, nimmt das Angebot gleichwohl an. Die unerwartete Chance, nach der besiegelten Niederlage das Blatt noch einmal zu wenden, kann sie sich nicht entgehen lassen. Sie setzt übermenschliche Kräfte frei, so dass sich die beiden Enden ihres Bogens *küssen*, bevor sie jenen Pfeil abschießt, der Achilles durch den Hals fährt – um anschließend mit den Hunden über ihn herzufallen.

Der Wahn, der die Königin in Kleists Fassung des Dramas früh befällt, macht die Tat nur auf den ersten Blick plausibler; Penthesilea war außer sich, nicht mehr Herrin ihrer Sinne und konnte sich nicht daran erinnern, wie sie die Zähne in ihr Opfer schlug. Wer jedoch eine rationale Entscheidung trifft, in deren Folge das Risiko des Austickens hoch ist, kann sich, falls es zum fatalen Ausbruch kommt, hernach schlecht auf mildernde Umstände berufen.

Wie aber stehen die Dinge, wenn die Vernunft zugleich Herzensangelegenheit ist?

Im Jahr 1907 verabschiedete Indiana das erste Gesetz zur Zwangssterilisierung von Psychiatriepatienten, Gefangenen und Bettlern. Insgesamt 29 Bundesstaaten erließen Gesetze zur Sterilisation, und mehr als 60'000 »defizitäre« Amerikaner wurden Opfer davon. Die *American Eugenics Society*, so berichtet Michael J. Sandel, »unterstützte neben den Viehzucht-Wettbewerben Fitter-Families-Konkurrenzen auf Jahrmärkten im ganzen Land. Die Teilnehmer reichten ihre Abstammungsnachweise ein und unterzogen sich medizinischen und psychologischen Untersuchungen und einem Intelligenztest, und die gesündesten Familien erhielten Trophäen. Ab den 20er Jahren gab es an 350 Hochschulen und Universitäten des Landes Eugenik-Kurse, in denen privilegierte junge Amerikaner an ihre reproduktiven Pflichten erinnert wurden.«

Das war auch der Nährboden eines gewissen Auguste Forel, der, so schlussfolgert Ernst Klee, »wie kein anderer deutsche Rassisten beeinflusst« hat. Forel war von 1879 bis 1898 Professor für Psychiatrie an der Universität Zürich und Direktor der Irrenanstalt Burghölzli. 1905 erschien sein Werk *Die sexuelle Frage*. Klee hält dazu fest: »Es enthält nahezu alle Forderungen, die deutsche Rassenhygieniker formulieren werden. Forel sieht die Kulturmenschheit, das sind die Arier, in Gefahr, durch minderwertige (= inferiore) Menschenrassen überwuchert zu werden.«

Ernst Rüdin, Schüler Forels, wird in der Folge zum einflussreichsten Psychiater der NS-Zeit; ab 1932 ist er geschäftsführender Direktor des Kaiser-Wilhelm-Instituts

(KWI) in München, das im Dritten Reich als »Hohe Schule der Erbforschung« gefeiert wird. Er findet im Nationalsozialismus das ideale Umfeld, um seine Vorstellungen von *Ausmerze* zu verwirklichen. Noch im März 1948, so zitiert Klee einen ehemaligen Mitarbeiter des Instituts, fanden sich am KWI etwa 10'000 Glasgefäße mit menschlichen Gehirnen. Rüdin selbst war bereits zwei Jahre zuvor im Eilverfahren entnazifiziert worden; als er 1952 starb, stand in der Todesanzeige des Max-Planck-Instituts für Psychiatrie, Rüdin sei »einer der hervorragendsten Begründer der genetischen Forschung in der Psychiatrie« gewesen.

Wo stehen wir heute?

»Wenn die genetische Revolution unsere Wertschätzung des Charakters menschlicher Fähigkeiten und Erfolge als Gabe aushöhlt, dann verändern sich drei Schlüsselelemente unserer moralischen Landschaft – Demut, Verantwortung und Solidarität.« Und Michael J. Sandel kommt zum Schluss: »Genetische Zurichtung zur Herstellung von Designer-Babys ist der krasseste Ausdruck des Hochmuts, der den Verlust der Ehrfurcht für das Leben als Gabe kennzeichnet.«

Wo stehen wir morgen?

»Sich wegschließen«, so wird die Übersetzung des japanischen Begriffs *Hikikomori* angegeben. Bezeichnet wird damit der entschiedene Rückzug aus der Gesellschaft. Das Phänomen tauchte gegen Ende des 20. Jahrhunderts zunächst in Japan auf, gezeichnet wurde das Bild des Versagers, desjenigen, der dem Leistungsdruck nicht mehr standhält, nicht länger mithalten kann und mangels Alternativen zum Rückzug bläst, sich in den eigenen vier Wänden einschließt, vor sich hindöst oder vor dem Bildschirm sitzt und sich, falls sie oder er noch bei den Eltern lebt, das Essen ans Sofa bringen lässt.

Wir haben es anscheinend mit antriebslosen, asozialen Schmarotzern zu tun, zumindest aus der Perspektive einer intakten Leistungsgesellschaft. Dass inzwischen auch anderswo Hikikomori ausgemacht wurden, dürfte wenig erstaunen.

»Da, wo viele überflüssig sind, brauche, als Einzelner, ich mich nicht überflüssig zu fühlen, weil ich nicht überflüssiger bin als andere. Ein Komparativ, der Illusionen nährt. Das Paradoxe an dieser Entwicklung: die Überflüssigen bilden irgendwann die Mehrheit.« So lautet die Diagnose in einer von Kurt Aeblis Prosaminiaturen, und der Schriftsteller folgert daraus: »Der von einer poetischen Sicht der Dinge Besessene, der sich mit dem, was er ist und tut, seit langem als Niemand vorkommen muß in dieser Welt, der dazu übergegangen ist, aus der eigenen Funktionslosigkeit eine Art Kult zu machen, scheint unfreiwillig, als Muster oder Metapher für die ganze Menschheit, eine gewisse

Vorreiterrolle zu spielen oder jedenfalls etwas zu thematisieren, was die wenigsten wahrhaben wollen und was dennoch für die meisten fast schon zu einem natürlichen Zustand geworden ist.«

Unglücklicherweise ist nicht jeder Mensch »von einer poetischen Sicht« besessen, ansonsten ließe sich der von Aebli vorgezeichnete Weg zum neohumanistischen Programm erklären. Gleichwohl waren Abermillionen von Menschen in den Coronajahren dazu gezwungen, sich wegzuschließen. So unangenehm die Ursache dafür war, die angeordneten Maßnahmen führten dazu, dass so mancher eine Ahnung davon bekam, was es bedeutet, ein Hikikomori zu sein. In Milena Michiko Flašars berührendem Hikikomori-Roman *Ich nannte ihn Krawatte* (2012) findet sich der Satz: »Man lebt nur einmal, heißt es, warum stirbt man so oft.« – Kein Fragezeichen.

Genau genommen aber muss sich heute niemand mehr wegsperren, denn das Smarte in der Hosentasche erzeugt im Handumdrehen die eigene Blase.

1978 wohnten der Liedermacher Ludwig Hirsch und der Philosoph Hans Jonas derselben Inszenierung von Goethes *Faust* bei und ließen Mephistopheles' berühmte Worte auf sich wirken: »Ich bin der Geist, der stets verneint! / Und das mit Recht; denn alles, was entsteht, / Ist wert, daß es zugrunde geht; / Drum besser wär's, daß nichts entstünde. / So ist denn alles, was ihr Sünde, / Zerstörung, kurz das Böse nennt, / Mein eigentliches Element.«

Der österreichische Musiker fiel einer Kontamination zum Opfer, denn was er auf der Bühne sah, vermischte sich mit den Feierlichkeiten zum fünfzigsten Geburtstag von Mickey. Eine apokalyptische Erfahrung, die er in seinem Lied *1928* verarbeitete. Außerirdische besuchen den Planeten Erde: »Und diese fremden, hochgewachsenen Wesen / Werden Pillen an Bord haben, / Die sie uns Menschen als Geschenk überreicht hätten, / So wie man immer, wenn man irgendwelche Wilde besucht, / Ihnen kleine Geschenke überreicht. / Pillen gegen die Traurigkeit hätten sie uns geschenkt, / Wenn wir noch da gewesen wären.« Einer der Außerirdischen allerdings entdeckt unter der fettigen schwarzen Rußschicht einen kleinen alten Filmprojektor, in den ein Film eingespannt ist. Gemeinsam schauen sich die Besucher einen Mickey-Mouse-Film an – »mit Donald Duck, Kater Carlo und Goofy«. Und sie kommen zum Schluss: »Sie waren lustig, diese Menschen. / Sie haben lustig ausgesehen, / Sie haben lustig gesprochen, / Wir hätten unsere Pillen gegen die / Traurigkeit völlig umsonst überreicht.«

Für den deutschen Philosophen stand dagegen fest, wollte

man Mephistopheles widerlegen, käme es zuallererst darauf an zu beweisen, dass ein Etwas einem Nichts vorzuziehen ist. Hans Jonas spricht in seinem Hauptwerk *Das Prinzip Verantwortung* – wie Ludwig Hirschs Album *Komm, großer schwarzer Vogel* 1979 erschienen – von der »Fähigkeit zu Wert« als dem »Wert aller Werte«. Seine Argumentation gemahnt an Seneca, der einst lehrte, die Tugend sei sich selber Wert, Wert an sich. Jonas zieht folgendes Fazit: »Also nicht erst der etwaige Wert, schon die Möglichkeit zu Wert überhaupt, als selber ein Wert, hat Anspruch auf Sein und beantwortet die Frage, warum das diese Möglichkeit Bietende existieren soll.«

Sein französischer Kollege Michel Serres sieht die Dinge bekanntlich weniger aus einem ontologischen als vielmehr aus einem pragmatischen Blickwinkel: Was ist, beziehungsweise was vom Menschen bleibt, ist der Müll. Wie die Hunde markierten wir auf menschliche Weise das Revier.

Serres tut, so scheint mir, sowohl den Vierbeinern als auch den Zweibeinern unrecht. Wir glauben doch entschieden, mit uns würden die Lichter ausgehen, so dass niemand von den giftigen Hinterlassenschaften etwas bemerkt – wie Kinder halt, die sich die Augen zuhalten, um nicht gesehen zu werden. Unerziehbare Kinder.

Schon fährt mir David Hume in die Parade, denn man soll von sich nicht auf die folgenden Generationen schließen. Soll man nicht?

»In einer ersten Stellungnahme geht die Polizei von einem terroristischen Angriff eines Einzeltäters aus: ›Wir behandeln dies als einen terroristischen Vorfall, bis wir etwas anderes wissen.‹« Und weiter: »Laut dem Eidgenössischen Departement für auswärtige Angelegenheiten sind unter den Opfern des mutmasslich terroristisch motivierten Anschlags keine Schweizer.« – Die beiden zitierten Passagen stammen aus einem Artikel der Pendlerzeitung *20Minuten* (23. März 2017). Im Weiteren verweist der Artikel darauf, dass der Anschlag in London just und exakt ein Jahr nach den »islamistisch motivierten Attacken in Brüssel« stattfand (nachdem eingangs auf die Parallelen zu Berlin und Nizza im Vorjahr bereits hingewiesen worden ist).

Eigentlich wäre ein solcher Artikel aus einer Gratiszeitung, der lediglich eine Collage zerstückelter Agenturmeldungen ist, nicht zitierwürdig, ginge es nicht um die meinungsbildende Instanz der Massenmedien. Schon der Umstand, dass von »einem terroristischen Anschlag eines Einzeltäters« die Rede ist, löst Kopfschütteln aus. Ohne eine böse Allianz, eine Verschwörung im Hintergrund, lässt sich ein solches Attentat allerdings nur schwer ertragen … Wie wollten wir weiterleben, wenn Attentäter aus dem Nichts kämen, also nicht das ferngesteuerte Instrument einer bösen Fraktion wären, die man identifizieren und bekämpfen kann? Ohnmacht ist kein gültiges Zeugnis, damit lässt sich weder wirtschaften noch politisieren.

Die ermittelnden Behörden in London ließen die Öffentlichkeit wissen, dass es sich beim Attentäter um den

52-jährigen Khalid Masood handle, im britischen Kent geboren, Vater von drei Kindern und Englisch-Lehrer. Scotland Yard teilte überdies mit, der Mann sei unter einer Anzahl von Aliasnamen bekannt und wegen Gewaltdelikten und unerlaubten Waffenbesitzes aktenkundig. Premierministerin Theresa May räumte ein, gegen Masood sei bereits vor Jahren ermittelt worden wegen des Verdachts, ein gewalttätiger Extremist zu sein. Dennoch bezeichnete sie den Mann als »Randfigur«. Selben Tags meldete sich auch die IS-Agentur Amak, um mitzuteilen, der Islamische Staat bekenne sich zum Anschlag, einer ihrer Soldaten habe das Attentat ausgeführt. Innerhalb von 24 Stunden hatten sich die Fronten geklärt, alle Unsicherheiten waren ausgeräumt. Man konnte wieder zur Tagesordnung übergehen.

Keine drei Wochen später erfolgte der Bombenanschlag auf den Mannschaftsbus von Borussia Dortmund, der ebenfalls sogleich in einen terroristischen Kontext gestellt wurde – sich dann aber schnell als die Tat eines Einzelnen offenbarte.

Macht aber nichts. Die Reflexe funktionieren mittlerweile ganz gut, wie sich unlängst am Beispiel des dänischen Bogenschützen zeigte, der im Oktober 2021 im norwegischen Kongsberg fünf Menschen tötete.

Ein modernes Märchen …

… sprich »Globalisierung«. Damit war einmal ein Versprechen verknüpft: Freiheit und Mobilität und so, nicht wahr? Weltumspannendes halt. Als Richard Sennett noch im vergangenen Jahrhundert von der Notwendigkeit des *flexiblen Menschen* berichtete, einhergehend mit den Gefahren der Entwurzelung, glaubten wohl die allermeisten noch ans verheißene Glück. Die Mauer war weg, die nukleare Abrüstung in vollem Gang, nichts sprach für einen Rückfall ins Mittelalter.

Über zwanzig Jahre später gibt es noch immer Menschen, die an die Mär von der Globalisierung glauben. Das hat mit den Medien zu tun, gewiss, mit Strohhalmen auch, dem Fehlen von Alternativen, der Hoffnung auf ein Auskommen, auf Sinn und Zweck des eigenen Daseins – und so weiter.

Der Soziologe Steffen Mau versucht darzulegen, »dass die Globalisierung in erster Linie ein Teilungsvorgang ist«, weil die Grenzen heute letztlich *Sortiermaschinen* (2021) sind, eine Zweiklassengesellschaft befördern von Mobilitätsprivilegierten und Mobilitätsausgeschlossenen. Der Status entscheidet darüber, ob ich mich frei bewegen darf oder nicht. Das liest sich wie eine Konsequenz aus Bruno Latours Erkenntnis aus seinem *Terrestrischen Manifest* (2017): »Die Eliten waren dermaßen überzeugt, dass es keine gemeinsame Zukunft für alle geben könne, dass sie beschlossen, *sich schleunigst von der gesamten Last der Solidarität zu befreien* (daher die Deregulierung); dass eine Festung für jene Happy Few errichtet werden müsse, die in der Lage wären, sich aus der Affäre zu ziehen …« Sollte Latour richtig liegen, sind alle politischen Bemühungen inzwischen mehr als suspekt, da sie, wie wir eben gelernt haben, auf Überzeugungen basieren, die die Wenigen, die über Privilegien verfügen, durchsetzen wollen.

Ich fürchte, die Analysen von Mau und Latour sind zutreffend; die Quintessenz lautet: Wir sind zu viele. Der Umgang mit der Diagnose läuft darauf hinaus, diese Tatsache verschleiern zu müssen, so viel Hoffnung zu streuen, dass derjenige, der am Boden liegt, doch noch eine Chance sieht, am Leben zu partizipieren – und sei es, indem er Lotto spielt.

Mir fällt dazu eine der *Kindergeschichten* (1969) von Peter Bichsel ein. Der Titel lautet »Amerika gibt es nicht«. Von jenen, die aus Amerika zurückkommen, berichtet der Schriftsteller: »… alle erzählen Dinge, die sie vor der Reise schon wussten; und das ist doch sehr verdächtig.«

Jüngsten anatomischen Forschungen an der Freien Universität Berlin zufolge soll die Handfläche des Menschen in den vergangenen hundert Jahren sich merklich verkleinert haben. Die statistischen Erhebungen weisen eine Verkleinerung um nahezu sieben Prozent aus, was die Leiterin des Instituts dazu veranlasste, in einem Interview den Begriff »Handteller« als antiquiert zu bezeichnen. Der Journalist seinerseits war schlagfertig genug, seinerseits den Begriff »Begriff« zur Disposition zu stellen.

Tatsächlich lässt sich hinter dem kleinen rhetorischen Scharmützel ein tiefgreifendes Problem erahnen (und womöglich bald nicht mehr erfassen). »Handeln ist das Verb für die Geschichte. Der spielende handlose Mensch der Zukunft verkörpert das Ende der Geschichte«, erklärt Byung-Chul Han im Windschatten von Vilém Flusser. Dass Han von *Verkörperung* spricht, dürfte ein Versehen oder als Reminiszenz zu verstehen sein. Wer mahnt (hergeleitet von lat. *manus*), erhebt die Hand, zeigt uns den Mahnfinger. Wer allerdings nur noch tippt, hantiert nicht mehr.

Für das Forschungsteam in Berlin bleibt der Schrumpfungsprozess der Handfläche gleichwohl rätselhaft; die Digitalisierung beeinflusse den Menschen zwar bestimmt, doch seien markante anatomische Veränderungen in so kurzer Zeit mit evolutionärer Anpassung nicht zu erklären, es sei denn, man spekuliere über eine Mutation zur rechten Zeit.

»Die Hand ist mein offenes Ende.« Das hielt Felix Philipp Ingold noch im vergangenen Jahrhundert zum Stichwort

Gruß fest. Sind wir eines Tages nicht mehr in der Lage zu grüßen, hören die Geschichten auf. Wir sind dann jeder Autonomie beraubt, können uns – welch wundersame Eigenmächtigkeit – nicht mehr selber schlagen. Das tun wir übrigens auch, wenn wir applaudieren.

Zugegeben, die Forschungsergebnisse der Handflächenvermessung habe ich eben erfunden. Dasselbe gilt für die Etymologie des Verbs »mahnen«. Aber ich erzähle ja nur.

Es wäre wohl naiv, all die Informationen, die über uns gesammelt und im opportunen Fall gegen uns verwendet werden, als bloße Vorstellung abzutun. Wir müssen Daten von uns preisgeben, das ist unbestreitbarer Teil des heutigen Gesellschaftsvertrags (den allerdings meines Wissens niemand unterschrieben hat).

Das erste Gesetz lautet: Um erfolgreich zu sein, musst du funktionsfähig und leistungsbereit sein. Dein Wille bestimmt: Ich will erfolgreich sein, denn es ist die einzige Möglichkeit, in dieser Welt zu überleben. Die Konsequenz daraus: Du tust alles dafür, funktionsfähig und leistungsbereit zu sein (und sei es, dass du nur den Schein erweckst, dass …).

Zumindest tust du alles in deiner Macht Stehende, um dem Glück auf die Sprünge zu helfen: Du zeigst dich, du kommunizierst, vielleicht bluffst du. Wann immer du in der Öffentlichkeit agierst, übst du dich in Selbstbehauptung. Das kostet Energie, das kostet Zeit. Um Präsenz zu behaupten, verlangt es dich nach Optimierung, nach Effizienz.

Das zweite Gesetz lautet: Schaufle dich frei, damit du Energie und Zeit für die entscheidenden Begegnungen hast, zur richtigen Zeit am richtigen Ort sein kannst. Dein Wille bestimmt: Alles, was nicht erste Priorität hat, delegierst du: an die Putzfrau, den Assistenten, an das Smartphone. Die Konsequenz: Du gibst laufend Daten von dir preis, die anderen erlauben, ein Profil von dir zu erstellen.

Wer Profit generieren will, labt sich an den Entblößungen

der andern, nimmt die Angriffsfläche, die andere bieten, dankend an, schlachtet sie aus. Das Geheimnis des Erfolgs liegt ja nicht im Aktionismus, sondern in der gezielten Reaktion, dem präzisen Konter.

Das dritte Gesetz des Erfolgs also lautet: Beobachte und analysiere. Hast du die Schwachstelle erkannt, stoße zu – gnadenlos.

2017 gründeten die beiden ETH (die Eidgenössischen Technischen Hochschulen in Lausanne und Zürich) ein gemeinsames Zentrum für Datenwissenschaft. Das Interview in der *Neuen Zürcher Zeitung* (7. Februar 2017) mit Oliver Verscheure, Executive Director ebendieses Swiss Data Science Center, steht unter dem Titel »Heute sind wir gewissermaßen blind«. Ob das Defizit mittlerweile behoben ist? – Wir werden es merken, wenn der geschärfte Blick zum Messer im eigenen Gekröse geworden ist.

Und wem dieses Szenario nicht gefällt, soll sich doch bitte Gedanken darüber machen, wie man einen gültigen Vertrag kündigt, den man nicht unterschrieben hat.

Der Zustand, um dies gleich vorwegzunehmen, ist tadellos. Teenager, die die Matura im Blick haben, das darauffolgende Studium im Fokus, sind in der überwiegenden Mehrheit leistungsfähig. Sie alle haben weiße, perfekt ausgerichtete Zahnreihen, damit sie auch morgen kraftvoll zubeißen können. Ungepflegte Erscheinungen gibt es nicht mehr, und eigentlich sind sie kaum noch voneinander zu unterscheiden. Es gibt keine Gruppen mehr, keine Fraktionen. Die jungen Leute, alle im 21. Jahrhundert geboren, bieten keine Angriffsfläche. Da ist kaum Euphorie, keine Destruktivität, und der Tag scheint nicht mehr fern, an dem wir alle unisexuell sein werden.

Doch wer wird sich vom Oberflächenglanz blenden lassen? Trends und Moden kommen und gehen, das kennt man. Die verborgene Substanz hinter den Fassaden ist das Versprechen für die Zukunft. So ist das nun mal – schon immer gewesen. Welche Substanz? Was für ein Versprechen? Für welche Zukunft? An den Fragen lässt sich schwer Sorge oder Zuversicht ablesen. Dur oder Moll? Was glauben Sie?

Immanuel Kant sprach vom »Weltbürger«, einem Status, der – so lautete das Programm der Aufklärung – alsbald allen Menschen zukäme, die in der Lage seien, der Würde der anderen wie der eigenen bewusst, sich des kritischen Denkens zu bemächtigen. Ziemlich genau zweihundert Jahre später konstituierte Niklas Luhmann den Begriff der »Weltgesellschaft«, weil es doch, zumindest für seine Systemtheorie, wenig Sinn ergäbe, von mehreren Gesellschaften zu sprechen. Kommunikation ist für Luhmann die gesellschaftskonstituierende Operation. Es ist aber doch ein weiter Umweg, wenn man das global Gemeinschaftliche an die Erinnerung an einen intakten Turm zu Babel knüpft. Aber sind es nicht auch die Erinnerungen an die Zeit vor der Vertreibung aus dem Paradies, die unsere Idee der Freiheit speisen?

In seiner Schrift *Die Dritte Aufklärung* (2018) mahnt Michael Hampe die Notwendigkeit eines »kollektiven Bewusstseins« an, um der Digitalisierung wie auch den drohenden Umweltkatastrophen zu begegnen. Er setzt für »eine gründliche *Verständigung* über gemeinsame Möglichkeiten« auf das Primat der Bildung – als »eine Bedingung für Kultur« und auch als anerkanntes Mittel gegen Grausamkeit – und schließt mit dem Appell: »Alles hängt davon ab, wie wir uns an der Entwicklung der Welt *beteiligen*, inwieweit wir wagen, aufgeklärte Pragmatiker und nicht lediglich Diagnostiker und Beobachter zu sein, die sich einem pseudowissenschaftlichen Fatalismus ergeben.« Gleichwohl wird man den Verdacht nicht los, man hätte lediglich den neuerlichen, wenn auch gut fundierten und entsprechend leicht nachvollziehbaren Aufruf vernommen, doch bitte den Müll zu trennen.

Judith Butler hingegen macht einen Vorschlag, wie unsere Geschichte mit Bedeutung aufgeladen werden könnte: »Wir sollten also vielleicht einen offenen normativen Schritt machen und davon ausgehen, dass jedes Leben betrauerbar *sein sollte*; damit würden wir einen utopischen Horizont öffnen, in dem sich Theorie und Beschreibung bewegen müssen.« Leben als grundsätzlich betrauerbar anzuerkennen, erscheint uns zunächst lediglich als Surrogat, packt uns aber womöglich genau dort, wo es uns betrifft, an unserem wunden Punkt. Es ist zum Heulen?

Weniger vertrackt klingt das noch in Baltasar Graciáns *Handorakel* (1647): »Alles ist schon voll entfaltet, und das Person-Sein im höchsten Grad. Mehr wird heute von einem Einzigen als früher von sieben Weisen erwartet; und mehr braucht man in diesen Zeiten, um mit einem Menschen zurechtzukommen, als früher mit einem ganzen Volk.«

Alte Gräben, neue Friedhöfe

Ich bin mir ziemlich sicher, dass sich mittlerweile der größte Friedhof am Grund des Mittelmeers befindet. Diese Vorstellung übersteigt mein Denkvermögen. Nur schon die Erwähnung einer riesigen, nicht abschätzbaren Dunkelziffer von ertrunkenen Flüchtlingen ist zynisch und müsste jeden Menschen im gelobten Europa zur Verzweiflung bringen oder zumindest in Rage versetzen. Oder?

Die Geschichte zur Geschichte stammt von Hans Erich Nossack: Einige Übriggebliebene liegen »auf dem nackten Boden der Welt«, und einer berichtet von einem Traum, den er eben hatte, einem Traum, der von den Menschen in der Vergangenheit handelt. Die andern besprechen sich und kommen zum Schluss: »Wir würden erfrieren, wenn es so wäre, wie er geträumt hat. Laßt uns ihn erschlagen!« Was in der Parabel von 1948 unter dem Titel *Vergessen* folgt? – »Und sie erschlugen ihn. Da wärmte sie das Feuer wieder und alles war zufrieden.«

Evolution

Es war einmal ein Tier, umgeben von Knochen, von den Resten, die andere Raubtiere zurückgelassen hatten; es sah kein Fortkommen und verweilte, drehte und wendete das Gebein, aus lauter Langeweile vielleicht wollte es ergründen, ob da noch etwas dahinter, ob da noch etwas drin war in dem, was übriggeblieben war. Hatte sich da, ohne eigenes Dazutun, ein gebrochener Knochen offenbart, sein Mark preisgegeben, an dem sich sodann der Finder und bald die Seinen labten? Fortan suchten sie die verlassenen Schlachtfelder auf, traktierten die Knochen, lutschten und saugten daran.

Als das Tier wieder zu sich kam, geblendet vom Feuerschein, spürte es die Wärme. Der Blitz hatte eingeschlagen. Und alsbald staunte es über den aufrechten Gang, übte das Gehen, beschleunigte die Schritte und bekam den Wurfspieß in die Hand, bewarf, was sich bewegte, was groß genug war, um Treffer zu landen. Nach und nach verlor das Tier sein Fell, schwitze bald am ganzen Körper, lief und schwitzte, lief länger als jedes andere Tier. Das Laufen war zu einem Jagen geworden. Abends nagte es an einem Knochen, hielt ein Weibchen im Arm, das sein Kopfhaar kraulte, sich auf ihn setzte.

Sie spielten mit dem Feuer, spiegelten sich im Wasser, übten Luftsprünge, sie bearbeiteten Steine und Holz. Sie kamen ins Grübeln, wie es kam, woher sie konnten, was sie konnten, fragten den Ältesten, der sich mit dem Zeigfinger an die Stirn tippte. Und sie aßen viel und sie tranken viel, bemalten die Wände und bemalten sich.

Das Grün wurde weniger, die Sonne verblasste, sie nahmen, die herannahenden Gletscher im Rücken, die Verfolgung der Behuften auf – wer nicht mithalten konnte, blieb zurück, die Jäger drohten dem Himmel, bis auch die Kräftigsten strandeten – sie hatten das Ende der Welt erreicht: Das Wasser vor ihnen löschte keinen Durst, bescherte Kopfschmerzen, und die Stirn schwoll weiter an. Der Anführer tippte sich an den Schädel, damit die Eingebung ihr Ziel nicht verfehle, Nachzügler trafen ein, versammelten sich um sein Lager – ein letztes Mal öffnete er die Augen, zeigte noch Richtung Küste, wo ein röchelnder Koloss zu warten schien, ein seltsamer Fisch.

Vom Hunger getrieben, begannen sie die Zerlegung des Tiers. Sie sangen, und sie tanzten und sie bohrten sich den Finger in die Stirn. Sie zogen noch so manchen dicken Fisch an Land, bis die Sonne wieder kräftiger schien und die Ersten zu neuen Ufern aufbrachen.

Es war einmal ein Tier, das dachte, sich wunderte, dass es dachte, sich fragte, was es mit dem Dasein auf sich hatte – und es machte sich auf den größten Vernichtungsfeldzug, den die Erde je gesehen hatte.

Der Präsident

Da er nur Ärzte um sich duldete, die ihn nicht definitiv abschrieben, stattdessen von baldiger Genesung sprachen, war er an seinem Krankenbett nur noch von Lügnern umgeben. Diesen Sachverhalt hatte der Präsident umso klarer vor Augen, desto schlechter es ihm ging; dennoch hätte er auch weiterhin jeden gefeuert, der ihm sein baldiges Ende prophezeite. Er selbst war zwar nicht Mediziner, doch einer Sache war er gewiss: Er würde nicht sterben, schließlich war er der Präsident und als solcher seinem Volk verpflichtet. Sein Zustand konnte nur das Ergebnis einer Verschwörung sein, deren Drahtzieher sich bislang im Verborgenen hielten. So rief er denn seine besten Advokaten zu sich und ließ mehrere Klagen vorbereiten, die an geeigneter Stelle einzureichen wären für den Fall, der Tode ereile ihn irrtümlicherweise, so dass diese Fehlentwicklung von höchster Stelle sogleich rückgängig gemacht würde. Das Volk ließ er wissen, er fühle sich so gut wie nie, und deshalb würde die Nation ihrerseits erstarken und zwar auf noch nie dagewesene Weise. Das aber sagte er eigentlich schon immer.

Ohne Netz und doppelten Boden, so wollen uns Zirkushelden ihre Kunst verkaufen. Lebensmüde die einen, die durch die Lüfte fliegen und auf die Präzision vertrauen, als ließe sich der Zufall ausschalten. Meister der Täuschung die anderen, wenn es ihnen gelingt, das Kaninchen scheinbar aus dem Nichts hervorzuzaubern. Das Netz ist mittlerweile weltumspannend, doch Abermillionen von Menschen sind zu klein, um von den Maschen aufgefangen zu werden. Das Beziehungsgeflecht dient lediglich einer Minderheit. Viele sind zwar noch an die Informationsströme gekoppelt, jedoch von der Kommunikation ausgeschlossen. Sie hören das Raunen und Rauschen, werden aber vom geringsten Hauch, erwischt er sie einmal auf dem falschen Fuß, umgestoßen.

Vilém Flusser definierte Freiheit als die Möglichkeit, den Zufall beschleunigen zu können. Er sah den Menschen als Knotenpunkt im Netz der virtuellen Welt, dort, wo sich Kompetenzen überschneiden, denn darin lag für ihn die Quelle der Kreativität. Im guten Fall wandelt sich der Arbeiter so neuerlich zum Akteur, wird zum Spieler, dem alternative Handlungsmöglichkeiten zur Verfügung stehen. Im schlechten Fall wirkt jene Dialektik, die schon immer in Gang kam, wenn der Mensch Apparaturen erschuf, – deren Funktionen fallen eines Tages auf ihn zurück.

Die Individuation, die womöglich vor Jahrtausenden schon einsetzte und mit der Aufklärung eine Beschleunigung erfuhr, erzwang ein Beziehungsgeflecht, das im Zeitalter der Digitalisierung zu einem Datennetz wurde, an dessen Fäden wir heute hängen. Wir sind nicht mehr die Marionetten des Schicksals, wie wir sie in Mythen besangen, wir baumeln an den Fäden eines totalitären Automaten, denn die Schwerkraft ist gnadenlos, solange wir auch Körper sind.

Die Zukunft ist ein Abenteuer, und dies im tiefsten Wortsinn, also das, was auf uns zukommt. Ohne doppelten Boden werden wir dieses Abenteuer nicht bestehen. Einzig jene ureigene Kiste, Vorstellungskraft mit Namen, vermag den Fall, die Nichtung, abzufangen. Ich spreche von dem Polster, das sich jede und jeder schafft, wohlwissend, dass die Knotenpunkte im Netz unmenschlich geworden sind. Ich meine jene Fähigkeit, die den Menschen überhaupt bis hierhin hat überleben lassen, die Fähigkeit, so zu tun, als ob.

Finanzielle Mittel sind heute ebenso Bedingung für die Kandidatur zu einem hohen politischen Amt wie die entsprechenden Bildungsnachweise. Nach Angaben von Jason Brennan soll der durchschnittliche US-Senator im Jahr 2009 über ein Nettovermögen von beinahe 14 Millionen Dollar verfügt haben. Und was den deutschen Bundestag betrifft: Im Jahr 2019 besaßen mehr als achtzig Prozent einen akademischen Abschluss.

Kehrt man zurück zur Wiege der Demokratie, in die antike Polis, so erfährt man, dass zur Besetzung des Rates der 500 keine Wahlen stattfanden, sondern das Los entschied. In seinem lesenswerten Buch *Gegen Wahlen* (2013) beleuchtet David Van Reybrouck die Entwicklungen der Demokratie bis in die Gegenwart. Er zeigt, dass ein elektorales Verfahren ursprünglich der Aristokratie entstammt und erst nachträglich in die demokratische Regierungsform implementiert wurde.

Erstaunlich oder nicht, gerade in einem Land wie der Schweiz, das nicht müde wird, sich seiner direkten Demokratie zu rühmen, geht eine Mehrheit der Wahl- und Stimmberechtigen nicht mehr an die Urne. Womöglich eignet sich ein Land, dessen politische Belange noch immer von einem Milizsystem geregelt werden, besonders gut dafür, vom Wahlverfahren Abstand zu nehmen und neu auf den Losentscheid zu setzen. Mit der im November 2021 gescheiterten »Justizinitiative« – dem Vorschlag, künftig Bundesrichter per Losverfahren zu bestimmen – wurde zumindest ein zaghafter Schritt in die richtige Richtung unternommen.

Ich schlage also vor, die Besetzung der großen Kammer, des Nationalrates, künftig auszulosen. Im Vorfeld reichen alle Bürgerinnen und Bürger zwischen 25 und 75 Jahren, die für vier Jahre im Nationalrat sitzen wollen, eine Absichtserklärung ein. Die Zettel werden so auf unterschiedliche Töpfe verteilt, dass das Ergebnis repräsentativ ausfallen wird (schon klar, das ist leichter gesagt, als zugeordnet). Auf ein neues Kalenderjahr hin wird jeweils ein Viertel des Nationalrates neu ausgelost.

Mit ihrer Absichtserklärung bezeugen die Kandidatinnen und Kandidaten nicht nur ihren guten Willen, zum Wohl des Staates ihre Entscheidungen zu treffen, sie erklären sich auch bereit, einen Politberater zur Seite zu nehmen. So verfügt jeder ausgeloste Nationalrat über ein kompetentes Pendant (schon klar, das ist leichter gesagt, als ausgewählt), das über die Mechanismen des Politisierens nachweislich (schon klar, auch das ist leicht gesagt …) Bescheid weiß und sich darüber hinaus durch ein breites Allgemeinwissen (schon klar …) auszeichnet.

Ausdifferenzierungen und weitere Richtlinien gerne auf Anfrage.

Von wegen Würde

»Ein Wesen von höheren Fähigkeiten benötigt mehr, um glücklich zu sein, und ist wahrscheinlich auch in der Lage, stärkere Schmerzen zu fühlen. Sicher ist es ihnen mehr ausgesetzt als ein Wesen von geringeren Fähigkeiten.« – Selbstredend dreht sich John Stuart Mills Argumentation einzig um den Menschen, dem er diese höheren Fähigkeiten zubilligt. Die Eigenschaften dazu: Stolz, Freiheitsliebe und Würde.

Nun? Die Freiheitsliebe verdoppelt die Schwierigkeiten, da wir es mit einem Kompositum zu tun haben, es also erst darum gehen müsste, die beiden Wörter für sich zu betrachten. Würde ist der schwierigste Begriff von allen. In so mancher Präambel findet sich der Satz: »Die Würde des Menschen ist unantastbar.« Allerdings scheint diese Setzung mehr einem Wunsch als der Realität zu entsprechen. Die Begriffsbestimmung hängt an einem Katalog mit Rechten, von dem man aber kaum sagen kann, wo er beginnt und mit was er endet. Berühmt geworden in diesem Zusammenhang ist Immanuel Kants *Zweckformel*; sie lautet: »Handle so, daß du die Menschheit sowohl in deiner Person, als in der Person eines jeden andern jederzeit zugleich als Zweck, niemals bloß als Mittel brauchest.«

Die Gründe, die Mill dafür ins Feld führt, dass es besser sei, ein unzufriedener Mensch als ein glückliches Schwein zu sein, sind nicht leicht nachvollziehbar. Deswegen doppelte der Philosoph nach: »Und wenn der Narr oder das Schwein eine andere Meinung haben, dann nur deshalb, weil sie bloß eine Seite der Frage kennen. Die andere Partei in diesem Vergleich kennt beide.«

Vielleicht erscheint das einleuchtend, vielleicht aber auch nicht. Warum sollte jemand, der seine erste Lebenshälfte damit zubrachte, ein würdevolles und pflichtbewusstes Leben zu führen, nicht zum Schluss kommen, dass es jetzt erst einmal genug sei und an der Zeit, die Sau herauszulassen: genießen, feiern, über die Stränge schlagen. Ungeachtet dessen, ob wir selbst so einen Umschlag gut oder weniger gut finden, so unwahrscheinlich (oder gar unmöglich), wie Mill das hinstellt, dürfte es nicht sein.

Hygge

Die glücklichsten Menschen leben in Skandinavien. Das lässt sich leicht an den jährlich publizierten Happiness-Reports ablesen. Seit Jahren immer wieder auf dem Podest: Dänemark. Das Zauberwort lautet: *hygge*. In jenem Ratgeber, den ich mir anschaffte, steht zu lesen: »Menschen, die hyggelig leben, leben bewusst und genussvoll.« – Das ist jetzt noch nicht die Offenbarung, aber gewiss nicht verkehrt. Konkreter heißt es dann: »Eine glückliche Person [...] plant gemeinsame Aktivitäten mit anderen Menschen und sammelt positive Erinnerungen.« Zum Beispiel lädt man nicht einfach Gäste zum Essen ein und setzt diesen ein vorgefertigtes Drei-Gänge-Menü vor die Nase, die Freundinnen und Freunde kommen schon früher – zum gemeinsamen Kochen. Gemüse rüsten, gemeinsam riechen und rechten, Anekdoten austauschen, lachen und anstoßen.

So eine Lebenshilfe reicht dann freilich von brennenden Kerzen bis zur legeren Strickjacke, macht hygge im Süßgebäck ebenso aus wie im dazu servierten Kaffee. Was in meinem Ratgeber fehlt, tatsächlich mit keinem Wort erwähnt wird, das sind Smartphones, Tablets oder PCs. Ich habe daraus den Schluss gezogen, dass diese Geräte der Geselligkeit – und dem damit einhergehenden Glücksgefühl – abträglich sind. Hygge, wie ich das jetzt verstehe, meint nicht einfach nur, sich auf dem Sofa breitzumachen, lukullischen Genüssen frönend, mit Blick auf den Sonnenuntergang sich des Lebens zu erfreuen. Hygge ist verbindend und auch verbindlich, ansonsten wäre die Truppe um Trainer

Nikolaj Jacobsen kaum zweimal hintereinander Handball-Weltmeister geworden.

Es spricht wahrlich nichts dagegen, für unser eigenes Glück die Geselligkeit, die in den beiden letzten Dekaden der Globalisierung ein wenig ins Hintertreffen geriet, wieder zu befördern, neu zu beleben und zu pflegen. Der kleine Kreis unter Freunden eröffnet einen Horizont, der in der Isolation vor dem Screen nicht zu erfassen ist. In der Gemeinschaft tritt wieder jenes Gesetz in Kraft, das der amerikanische Psychologe Stanley Milgram vor über fünfzig Jahren als das »Kleine-Welt-Phänomen« bezeichnete, dass nämlich jeder jeden um sechs oder sieben Ecken herum kennt. Könnte gut sein, dass uns die Welt, wenn wir im Gespräch bleiben, doch nicht so schnell abhandenkommt.

Nachtrag: Eben habe ich gelesen, die Dänen würden neuerdings, weil ihre eigenen Gefängnisse überfüllt seien, Häftlinge in den Kosovo exportieren. Das irritiert mich gerade sehr, will zum Hyggeligen nicht so recht passen. Darf man die eigenen Leute, auch wenn es Gefängnisinsassen sind, in ein anderes Land zwangsdeportieren? – Nein, das darf man nicht. Oder doch?

Ein Bot als Gegenüber, der aber nicht immer leicht von einem menschlichen Gegenüber zu unterscheiden ist. Im politischen Kontext etwa bedeutet das: »Digitale Wesen ohne Bewusstsein verbreiten menschliche Lügen im Dienste dessen, was wir als Populismus bezeichnen«. Und weiter: »Sie packen uns als Einzelne, bestürmen unsere Grenzen, schmeicheln unserer Rationalität, spielen mit unseren Gefühlen.« Timothy Snyder meint auch, dass »der unablässige Versuch, uns auf die Wünsche zu reduzieren, die in uns erzeugt werden, [...] uns in Wirklichkeit [hat] dumm werden lassen.« Grund dafür dürfte das Phänomen des *confirmation bias* sein, unser Wunsch nach Bestätigung; genauso wie wir fürchten, was wir fürchten wollen: »So wie ein lädierter Apfel Fliegen anlockt, zieht menschlicher Leichtsinn Algorithmen an.« Die digitalen Wesen nehmen uns nicht zuletzt deshalb auseinander, weil der Pluralismus einer Gesellschaft eigentlich Zusammenhalt und Interaktion bedingte, direkten Austausch unterschiedlicher Denkstile im selben Raum.

Hat Alan Turing die Büchse der Pandora geöffnet? Der Mann, der Enigma knackte und als Pionier der Informatik gilt, war zweifellos ein Genie. 1952 wurde er jedoch seiner Homosexualität wegen verurteilt und einer Behandlung mit synthetischem Östrogen unterzogen, um ihn »asexuell« zu machen. Zwei Jahre später starb er höchstwahrscheinlich durch Suizid – neben ihm lag ein angebissener Apfel (mit Cyanid vergiftet).

»Ein einziges Übel war noch nicht aus dem Faß herausgeschlüpft: da schlug Pandora nach Zeus' Willen den Deckel zu, und so blieb es darin. Für immer hat der Mensch nun das Glücksfaß im Hause und meint Wunder, was für einen Schatz er in ihm habe; es steht ihm zu Diensten, er greift darnach: wenn es ihn gelüstet; denn er weiß nicht, daß jenes Faß, welches Pandora brachte, das Faß der Übel war, und hält das zurückgebliebene Übel für das größte Glücksgut – es ist die Hoffnung. – Zeus wollte nämlich, daß der Mensch, auch noch so sehr durch die anderen Übel gequält, doch das Leben nicht wegwerfe, sondern fortfahre, sich immer von neuem quälen zu lassen. Dazu gibt er dem Menschen die Hoffnung: sie ist in Wahrheit das übelste der Übel, weil sie die Qual der Menschen verlängert.« So weit Friedrich Nietzsches Eintragung in *Menschliches, Allzumenschliches*.

Einmal angenommen, dieses Glücksfass wäre in Wahrheit ein Laptop, auf dessen Deckel das Signet eines angebissenen Apfels vor dem Öffnen warnte …

Vom Menschen schrieb Blaise Pascal, er müsse erbeben zwischen den Abgründen des unendlich Großen und des unendlich Kleinen, »und ich glaube, dass wenn sich seine Neugierde in Bewunderung verwandelt hat, er eher bereit sein wird, in Stille darüber nachzusinnen als sie anmaßend erforschen zu wollen«. Da stehen wir als »eine Mitte zwischen Nichts und All«, spielen mit Teilchenbeschleunigern und schießen Raketen zur Sonne.

»Tatsächlich sind die Theorien der Atom-, Kern- und Elementarteilchenphysik, also des ganz Kleinen, aber auch die der modernen Kosmologie, also des ganz Großen, unanschaulich. Der modernen Physik wird diese Unanschaulichkeit häufig zum Vorwurf gemacht – zu Unrecht, wie wir nun einsehen: Sie ist eine Folge unserer mesokosmischen Prägung.« So will es die *Evolutionäre Erkenntnistheorie*, wie sie Gerhard Vollmer vertritt. Lapidar, oder? Unser Erkenntnisapparat hat sich auf eine mittlere Dimension eingerichtet, für Mikroskopisches und Makroskopischen richten wir Analogien ein, stellen Berechnungen an – und gewinnen auf diese Weise neue Vorstellungen.

Vielleicht würde Pascal laut herauslachen. Vielleicht würde er sagen, dass wir so immer das finden, wonach wir suchen, dem »unlösbaren Geheimnis« aber keinen Schritt näherkommen. In einer Prosaminiatur schildert Botho Strauß einen Mann, der sich einen Goldbarren »erschließen« möchte: »Er glaubt, es liege ein Geheimnis verborgen in diesem glänzenden Block.« Und mit grobem Werkzeug beginnt er, den Goldbarren zu traktieren: »Doch es findet sich kein Hohlraum darin, in dem eine Weisung, eine Botschaft, etwas Inneres, das Mark des Goldes für ihn zu entdecken wäre.«

Gleichwohl fährt der Mann in seiner Tätigkeit fort.

Das Haus der Poesie

Über Jahrzehnte stand es allen angehenden Dichtern offen, warmen Herzens empfing die Meisterin jede und jeden im Haus der Poesie. Mit leiser Stimme sprach sie, verband den Eleven die Augen, drückte ihnen Erde in die Hand, wahlweise ein Stück Holz, eine Zahnbürste, einen Schnürsenkel oder eine tote Fliege. Barfuß standen sie zuweilen in einem Bachbett, ohne Atemschutz in der Müllverbrennungsanlage, am Samstag vor Weihnachten galt es, den Tag im größten Einkaufstempel zu bestehen. Unterweisungen in der Kunst des Wahrnehmens, Einladungen zum Brückenschlag, der Wiedergabe von Harmonie und Dissonanz. Denn wer bei Sinnen ist, dem fallen die Worte zu. Wenige nur bestanden die erste Prüfung, zu schwer wog der Eigensinn, wenn es aus dem alten Telefonbuch, das die Hausherrin ihrem Gegenüber in der Gartenlaube feierlich in den Schoß legte, auf dass Aspiration und Initiation in eins fielen, vorzulesen galt, die Namen und die Nummern einer vom Wind aufgeschlagenen Seite, Kolonne für Kolonne.

Seit Wochen nun schon ist das Haus der Poesie geschlossen. Im Scheitern oder in der Konsequenz daraus habe einer der Prüflinge das letzte Telefonbuch gestohlen, meldet die Depeschenagentur. Ersatz sei nicht mehr zu beschaffen, sagte die Meisterin noch, dies Buch bleibe für immer zugeschlagen. Eine Überraschung aber sei das nicht, das Ende des Gesprächs habe sich angekündigt, unmissverständlich. Andere Quellen berichten, sie hätte vom Ende der Geschichte gesprochen.

Nabelschnur

Es ist der berühmteste Satz von Jean-Jacques Rousseau: »Der Mensch wird frei geboren, und überall liegt er in Ketten.« Und das ist Quatsch. Jeder Säugling, Eva und Adam einmal beiseitegeschoben, hängt bei seiner Geburt an der Nabelschnur. So viel steht fest. Freilich, Rousseau meinte das im übertragenen Sinn, denn ihm waren die Unliebsamkeiten, die mit der Geburt einsetzten, dem Beginn der Vergesellschaftung eines jeden, ein Dorn im Auge, denn der jeweilige Status, in den ein neuer Mensch hineingeboren wurde, definierte zugleich seine Möglichkeiten. Daran hat sich in der Zwischenzeit bekanntlich wenig verändert.

Doch war da einst Freiheit irgendwo? In dieser Fruchtblase im Mutterleib?

Thales von Milet soll einst behauptet haben, sogar der Stein habe eine Seele, »weil er das Eisen bewegt«. Unsichtbare Kräfte, ohne die kein Leben ist. Freiheit ist ein Beziehungsdelikt. Das wussten die alten Griechen noch, denn sie verstanden den ursprünglichen Menschen als Kugel, als eine Einheit von Frau und Mann, bis Zeus – aus Eifersucht? Traurigkeit? Eigenliebe? – mit einem Blitz dazwischenfuhr und ein Ganzes in zwei Hälften schlug. Die Abhängigkeit blieb, und es die Freiheit im Geiste und die Schönheit alter Dative, die seither Funken schlagen.

Der amerikanische Paläontologe Neil Shubin kann sogar Kniebeschwerden und Hämorriden mithilfe der Evolution erklären. Schon faszinierend, wie wir einst den Urmeeren entstiegen und uns hernach auf die Hinterbeine stellten, und zugleich völlig unvorstellbar, wie währenddessen 500 Millionen Jahre verstrichen sein sollen. Auch Shubin verwendet in seinem Buch *Der Fisch in uns* (2008) die Metapher des Erdjahres, in das die 4,3 Milliarden Jahre Erdgeschichte gefasst sind: »Das erste Tier mit einem Kopf entstand im Oktober und der erste Mensch am 31. Dezember. Wie alle Tiere und Pflanzen, die jemals gelebt haben, so sind auch wir die letzten späten Gäste auf der Party des Lebendigen.«

Das Pädagogische an dieser Metapher: Unser Dasein ist im Vergleich zur Geschichte anderer Lebewesen doch sehr neu, und das Verfängliche: Das Vorgestellte korrespondiert aufs trefflichste mit der »Krone der Schöpfung« – am 365. Tag wurde von der Natur der Mensch erschaffen. So ist der Königsweg in fast jedem Lehrbuch abgebildet: Vom Einzeller zum Vielzeller, von ersten ausdifferenzierten Körpern zu Wesen mit Kopf und Gliedern, hin zu Säugetieren, dem wissenden Menschen.

Die ersten Primaten stammen, so der Stand der Forschung, aus dem Eozän. Dafür müssen wir zirka 50 Millionen Jahre zurückblättern. Zu dieser Zeit lebten auch die Urahnen der Wale, fleischfressende Urhuftiere. Allerdings, man weiß bis heute erstaunlich wenig über die Entwicklung der Meeressäuger. Sie schlugen den Weg zurück ins

Wasser ein, so viel, immerhin, steht fest. Ich stelle mir das so vor: Vielleicht erkannten die Urahnen der Wale, was da mit diesen Primaten auf sie zukam, und sie trafen eine weise Entscheidung. Aller Wahrscheinlichkeit nach waren sie in ihrer Entwicklung damals wesentlich weiter als wir, hatten sie doch schon einige Millionen Jahre Evolution mehr auf dem Buckel.

Ich vermute also, dass beispielsweise Pottwale von heute leicht mit uns kommunizieren könnten, wenn sie es denn wollten. Doch sie sind zum Schluss gekommen, dass der Aufwand nicht der Mühe wert ist. Ihre sozialen Umgangsformen sind um so vieles weiterentwickelt als die unsrigen, dass wir sie eh nicht verstehen könnten. Auch das wissen die Wale. Ihre Geduld wird schon bald belohnt, demnächst stoßen sie auf Neujahr an. Ohne uns.

Trigger

Trigger-Warnungen kommen immer zu spät, denn sie wollen etwas ungeschehen machen, das längst geschehen ist. Dieser Umstand dürfte der tiefere Grund für deren inflationäre Verbreitung sein.

Als Jugendliche wurden wir einst davor gewarnt, Feuerwerkskörper zu essen. Nicht schlucken! Und wir wurden aufgeklärt, dass eine solche Warnung notwendig sei, damit die Hersteller im Falle eines Missbrauchs juristisch nicht belangt werden konnten – Rauchen ist tödlich!

Die Erwartungen sind gestiegen: Ein jeder hat das Recht, vor psychischem Ungemach bewahrt zu werden, und zwar unbedingt. Es geht nicht um die Möglichkeit; eingeklagt wird das Recht, vor der eigenen Empfindlichkeit grundsätzlich geschützt zu werden. Sag besser nichts, du könntest mich nämlich verletzen (triggern). Lass uns auf degenerative Grammatik setzen und einträchtig miteinander schweigen. Schließlich hat niemand die Fruchtblase freiwillig verlassen, wir sind alle Opfer – vielleicht können wir uns ja im nächsten Leben wieder auf Augenhöhe begegnen.

Von Platon bis Gadamer galt der Dialog, das Gespräch, als die weitaus beste Methode, sich zu entwickeln, den Verstand zu schärfen in aller Offenheit, sich in der Auseinandersetzung so etwas wie Bildung anzueignen. Dummerweise liegen im Wesen des Dialogs die Einmischung, das In-Frage-Stellen, die Provokation – und der Scherz. Lesen Sie das nicht, falls Sie nicht auf andere Gedanken kommen wollen! Trigger-Warnungen kommen immer zu spät, denn sie wollen etwas ungeschehen machen, das längst geschehen ist.

Geoffroy de Lagasnerie kommt bei seinen Untersuchungen politischer Begriffe wie zum Beispiel »Volk« oder »Staat« zum desillusionierenden Schluss, dass es sich bei diesen Wörtern nicht etwa um Abstraktionen, sondern lediglich um Fiktionen handelt. Und er führt weiter aus: »Wenn man nun sagt, dass es weder ›Politik‹ noch ›Demokratie‹ ohne ›leere Signifikanten‹ gibt, müsste das nicht dazu führen, anzuerkennen, dass weder ›Politik‹ noch ›Demokratie‹ existieren, und nicht zu dem zwanghaften Versuch, die Rolle der ›leeren Signifikanten‹ zu verstehen?«

De Lagasnerie sieht hinter den leeren Signifikanten »mystifizierte Formen der Repräsentation des Realen«, eine Fiktionalisierung, die letztlich – im Gegensatz zu Abstraktionen – einer konkreten Entsprechung in der Realität entbehrt. Ich vermute ja, Sinnstiftendes sei ohne Fiktionalität (ohne Metaphysik) nicht zu haben. Wenn aber de Lagasnerie *Das politische Bewusstsein* (2019) in den Fokus rückt, so geht es ihm vornehmlich darum, ebendieses Bewusstsein zu schärfen, was heißt, dass man dem performativen Charakter leerer Worthülsen, wie sie in der Politik und den zugeneigten Wissenschaften seit Jahrhunderten vornehmlich in Gebrauch sind, nicht einfach so auf den Leim gehen soll: »Wenn man den Staat als das ansieht, was er ist, dann sieht man keine Persönlichkeit des Staats und keine autonome Substanz, deren Ausdruck der Staat wäre. Das, was im Staat handelt und was er also in Wirklichkeit ist, sind besondere Individuen.«

Ich will meinerseits versuchen, den Staat als Werkzeugkiste zu verstehen. Manche Werkzeuge liegen offen herum, sind jedermann zugänglich, um andere muss man sich bewerben, einige werden aufgrund eines Wahlverfahrens zugeteilt. Unter Werkzeugen verstehe ich so ziemlich alles, was staatliche Dinge anlangt. So sind zum Beispiel die Gesetze allen zugänglich, deren Anwendung im juristischen Kontext bedingt allerdings das entsprechende Studium, in das Amt eines hohen Richters muss man von anderen portiert und/oder gewählt werden. »Mit denselben Gesetzen könnten wir in einer ganz anderen Gesellschaft leben«, schreibt de Lagasnerie – denn alles hängt von der konkreten Anwendung der Werkzeuge ab, die, je machtvoller jemand danach greifen kann, einen umso größeren (Interpretations-)Spielraum zulässt.

Es liegt auf der Hand: Erkenne die Werkzeuge und übe dich im Gebrauch. Praktisch, pragmatisch. Gleichwohl glaube ich, es wäre ebenso an der Zeit, die Kiste, aus der wir uns alle bedienen, also den Kasten als solches einer neuerlichen Untersuchung zu unterziehen. Mag der Staat einer Fiktion entspringen, unsere Gesellschaft ist wirklich.

Humanismus ohne Asterisk

Alle Menschen werden Brüder

meint nicht

Alle Menschen werden Geschwister

und auch nicht

Alle Menschen werden Schwestern

weil die Zeile

Alle Menschen werden Brüder

ein Geschlecht verspricht.

Ein angeschlagenes Tier auf seinem letzten Wegabschnitt; es ist versehrt, bei einem Sturz verletzte es sich, »denn die linke Seite zog es nun nach, doch bewegte es sich trotz dieser Einschränkung behände über den Kies, der hier und dort schüttere Stellen aufwies, an denen die Erde zum Vorschein kam, die dem Tier in der Farbe entsprach. Wann immer es an eine derartige Lichtung gelangte, versuchte es, sich in die Erde zu graben, doch schon bald gab es auf und schleppte sich weiter bis zu dem Randstein, über den es herabgestürzt war und den es zu überwinden galt offenbar, denn das Tier setzte alles daran, zurück ins Gras zu gelangen, doch scheiterten die Beinchen an der Glätte der Steine«. Alois Hotschnig schildert die Agonie eines Käfers, so liest sich die Erzählung *Begegnung*, liest sich zugleich aber auch als ein Gleichnis auf den Überlebenskampf des Menschen in seiner Vergeblichkeit, bis der Körper hilflos und zitternd auf dem Rücken liegt: »… scharenweise kamen sie aus dem Gras und stülpten sich über den Körper, die Schaufeln schlugen nicht mehr und hingen reglos im Gras, das Maul stand jetzt offen und weit, die Ameisen krochen hinein und heraus und machten sich mit ihrer Beute davon und saugten und nagten an dem Körper und höhlten ihn aus, bis er leicht genug war, eine Hülse, die trugen sie fort.« – Es ist die Begegnung mit dem Tod, die nur eine leere Hülse übriglässt, die aus dem Bild entfernt wird.

»Er hörte zu leben auf. Aber das sah nur für seine Umgebung so aus. Er selber bemerkte davon nichts. Und da ihm zu seiner Existenz seit langem schon die Notierungen seines

Bewusstseins genügt hatten, war er nun auch durchaus imstande, seinem Tod und Begräbnis beizuwohnen als einem Ereignis, mit dem er sich nicht zu identifizieren brauchte; er lebte ja längst anderswo als dort, wo man ihn nunmehr vermisste.« So lauten die letzten Sätze in Franz Tumlers Erzählung *Gründe für Abwesenheit*.

Die Formen, die wir uns geben, das sind unsere Geschichten, das, was im Wechselspiel zwischen Erinnerung und Gedächtnis, Individuum und Kollektiv wächst. Die Toten leben mit ihren Geschichten in den Lebenden weiter. So lautet auch die wesentliche Erkenntnis des Trauerredners Carl Achleitner, dessen Buch *Das Geheimnis eines guten Lebens* ein enger Freund mir zu Weihnachten schenkte – mit der Aufforderung, ich möge ihm, sollte es mit ihm so weit sein, auf seinen Holzpyjama noch einen Spruch schreiben: »Des tat mi im Jenseits no freun!«

Gesellschaft

Fast alle sind lediglich Zuschauer
sie folgen jenen, die sie selbst gern wären
beobachten Ereignisse, die sie nicht tangieren

Die Auserwählten, die am Spieltisch sitzen
bewahrt der Schein im Glück –
wer möchte sie beneiden?

Hoch und runter

Es war sein erster richtiger Job. Alex würde nicht ein weiteres Mal den Eltern im Hotel aushelfen, sondern an einer der Bahnen seinen Dienst tun. Sessellifte und Gondeln, hoch und runter, keine anspruchsvolle Arbeit, doch es war dem Vater wichtig, dass er vor Antritt der Lehre noch etwas anderes als den Hotelbetrieb kennenlernte. Alex hatte nichts dagegen, zumal ihm zum Schulabschluss ein Motorrad geschenkt worden war, eine Maschine.

Dass er an den Bahnen den einen oder anderen Stammgast wieder traf, erstaunte den Jungen wenig, das Verhalten eines älteren Mannes irritierte ihn aber dennoch. Dieser hatte einen eigentümlichen Akzent, trug ulkige Hawaii-Hemden, die weder in die Zeit noch zu seinem Alter passten, frühstückte im Hotel immer als einer der ersten. Beim Dienst an den Bahnen beobachtet Alex, wie der Mann tagsüber jene Lücke füllte, die ihm bislang entgangen war. Er wählte am einen Tag die Gondel, am nächsten Tag den Sessellift, ließ sich nach oben befördern – und einige Zeit später wieder nach unten. Und wie Alex oben, an der Bergstation, seinen Dienst tat, sah er, wie der Mann die Gondel verließ, sich ins anliegende Restaurant setzte, ein Bier bestellte, eine Zigarette rauchte, nach einem zweiten Bier verlangte und weitere Zigaretten rauchte. Dabei verging die Zeit.

Alex suchte nach einem Zusammenhang mit den Hawaii-Hemden, überlegte sich, ob den Alten sein eigenartiger Akzent hindere, schneller zu trinken, denn so viel stand fest: Der größte Teil des Bieres war, wenn der Mann trank, warm und längst schal geworden. Der Mann bezahlte irgendwann – und ließ sich wieder nach unten gondeln. Tag für Tag, hoch und wieder runter.

Kehrte der Mann von der Talstation zurück zum Hotel, nahm er nicht etwa den kürzesten Weg, fast schien es Alex, als lege dieser Gast im Dorf so viele Zusatzschlaufen wie nur möglich ein, bevor er seine Lektüre auf dem Balkon wieder aufnahm. Womöglich las dieser Gast Tag für Tag im selben Buch, hatte seit Jahren, wenn er bei ihnen zu Gast war, immer dasselbe Buch dabei. Alex hatte sich immer gewundert, dass es Menschen gab, die freiwillig Bücher lasen. Aber wenn einer das gerne tut, dann tut es ja vielleicht ein und dasselbe Buch auf Lebenszeit.

Mit einem Mal saßen sie in derselben Gondel. Der Gast eröffnete, damit keine unangenehme Stille aufkommen konnte, sogleich das Gespräch, erwähnte Alex' Motorrad, und der Junge entgegnete, noch sei sein Untersatz leider plombiert, er noch nicht alt genug, um voll aufdrehen zu dürfen. »Der alte Trick!«, rief der Mann, erst werde man gebremst, im Zaum gehalten, und dürfe man endlich nach eigenem Gutdünken schalten und walten, fände man aus der Beschleunigung nicht mehr heraus. »Wir werden alle verschaukelt«, sagte er noch, meinte, es gebe keine Abkürzung, die Idee beruhe auf einem Irrglauben: »Oder würdest du mit mir tauschen wollen?«

Als der Gast zwei Tage später auscheckte, soll er sein Buch im Zimmer liegen gelassen haben – mit einer Widmung für Alex.

Die beste Flasche Rotwein

In naher Zukunft wird Ihnen eine Hausdrohne angeboten oder genauer: ein ganzer Schwarm Drohnen, in Insektengröße. Der Schwarm dient Ihrer Sicherheit, Ihrem Wohlbefinden. Ihre Kinder werden nichts Verbotenes mehr tun, und wenn doch, werden Sie sofort informiert. Einbrecher werden im Nu unschädlich gemacht, denn die Insektendrohnen sind entsprechend munitioniert. Keine Putzfrau wird sich mehr Nachlässigkeiten leisten, die Qualität der Luft wird rund um die Uhr überwacht, allenfalls korrigiert. In Zukunft soll kein toter Mensch mehr wochenlang in seiner Wohnung verwesen. Vielmehr wird sofort ein Notsignal gesendet, falls Sie einen Herzinfarkt erleiden. Im besten Fall wird gleich der hauseigene Gesundheitsroboter aktiviert.

Schlagen Sie dieses Angebot aus, solange Sie können. Gehen Sie stattdessen in den Keller und holen Sie die beste Flasche Rotwein, die Sie vorrätig haben. Genießen Sie.

Und wenn Sie mögen, schlagen Sie in *Leben und Ansichten von Tristram Shandy, Gentleman* nach, jenem unfassbar geistreichen Monumentalwerk von Laurence Sterne. Lesen Sie! Oder glauben Sie mir: Wichtige Entscheidungen bedürfen der Überlegungen aus mehreren Perspektiven; es gilt, das Anstehende sowohl nüchtern als auch betrunken zu betrachten.

Parergon
Leukipp zugeschrieben

Prometheus war nicht die erste Erfindung des Menschen, er war die Erfindung der Erfindung des Menschen.

Keine Selbstverwirklichung kommt ohne Wirklichkeit aus.

Die lebendige Natur bleibt ein Mythos, ein Widerspruch in sich.

Es gibt kein Leben, es gibt nur Energie und Materie, was genau genommen dasselbe ist.

Bewegung ist Unordnung, Kontingenz und Emergenz im wechselseitigen Spiel.

Bewusstsein ist ein Produkt, das Illusionen erzeugt. Es erzeugt nicht nur Illusionen, es ist selbst Illusion.

Selbstbewusstsein ist ein Produkt der Selbstverwirklichung.

Jede Beweisführung ist ein Zeugnis der Illusion der Illusion; nichts anderes kann Sprache sein.

Was ist, kennt keine Absicht.

Wir sind nicht. Was ist, erzeugt die Illusion eines jeden Ichs.

Dass es Unterschiede gibt, macht allein die Veränderung; wir haben Zeit erfunden im Versuch, Unterschiede zu verstehen. Wiederholung und Differenz sind nicht voneinander zu scheiden.

Die Differenz der Differenz ist das, was Illusionen erzeugt.

Verwendete Literatur

Achleitner, Carl: *Das Geheimnis eines guten Lebens*, Wien 2020.
Aebli, Kurt: *Der ins Herz getroffene Punkt*, Basel 2005.
Andersen, Christian: *Hygge für Einsteiger*, Hamburg 2020.
Arendt, Hannah: *Wahrheit und Lüge in der Politik. Zwei Essays* [1967/1971], München 2017.
Aristoteles: *Die Nikomachische Ethik*, München 1995.
Bacon, Francis: *Neues Organon* [1620], Hamburg 1990.
Baker, Nicholson: *Menschenrauch. Wie der Zweite Weltkrieg begann und die Zivilisation endete,* Reinbek bei Hamburg 2014.
Barthes, Roland: *Mythen des Alltags* [1957], Berlin 2020.
Bauman, Zygmunt: *Leben in der Flüchtigen Moderne,* Frankfurt a. M. 2007.
Bichsel, Peter: *Kindergeschichten* [1969], Hamburg 1974.
Bloch, Ernst: *Spuren* [1969], Frankfurt a. M. 1995.
Blom, Philipp: *Das große Welttheater. Von der Macht der Vorstellungskraft in Zeiten des Umbruchs,* Wien 2020.
Brennan, Jason: *Gegen Demokratie. Warum wir die Politik nicht den Unvernünftigen überlassen dürfen* [2016], Berlin 2017.
Bruckner, Pascal: *Ich leide, also bin ich. Die Krankheit der Moderne* [1995], Weinheim 1996.
Butler, Judith: *Die Macht der Gewaltlosigkeit. Über das Ethische im Politischen*, Berlin 2020.
Butter, Michael: *»Nichts ist, wie es scheint«. Über Verschwörungstheorien*, Berlin 2018.
Camus, Albert: *Der Mythos von Sisyphos* [1942], Hamburg 1996.
Canetti, Elias: *Der Ohrenzeuge. Fünfzig Charaktere*, München 1974.
Canetti, Elias: *Aufzeichnungen 1992–1993*, München 1996.
Cassirer, Ernst: *Versuch über den Menschen* [1944], Hamburg 2007.
Couto, Mia: *Das Geständnis der Löwin* [2012], Zürich 2014.
Crouch, Colin: *Postdemokratie* [2003], Frankfurt a. M. 2015.
de Lagasnerie, Geoffroy: *Das politische Bewusstsein* [2019], Wien 2021.
de Unamuno, Miguel: *Plädoyer des Müßiggangs,* Graz 1996.
Fabri, Albrecht: *Der schmutzige Daumen*, Frankfurt a. M. 2000.
Fallada, Hans: *Kleiner Mann – was nun?* [1932], Berlin 2016.
Flašar, Milena Michiko: *Ich nannte ihn Krawatte*, Berlin 2012.

Flusser, Vilém: *Dinge und Undinge. Phänomenologische Skizzen*, München 1993.
Flusser, Vilém: *Kommunikologie weiter denken. Die Bochumer Vorlesungen*, Frankfurt a. M. 2009.
Flusser, Vilém: *Vom Stand der Dinge. Eine kleine Philosophie des Designs*, Göttingen 2019.
Foucault, Michel: *Überwachen und Strafen. Die Geburt des Gefängnisses* [1975], Frankfurt a. M. 1977.
Frenschkowski, Marco: *Geheimbünde. Ursprung, Geschichte, Fakten,* Köln 2011.
Gerhardt, Volker: *Der Sinn des Sinns. Versuch über das Göttliche,* München 2014.
Gracián, Baltasar: *Handorakel und Kunst der Weltklugheit* [1647], Stuttgart 2020.
Gray, John: *Von Menschen und anderen Tieren. Abschied vom Humanismus* [2002], Stuttgart 2010.
Greene, Graham: *Reise ohne Landkarten* [1936], München 2015.
Halter, Jürg: *Nichts, das mich hält*, Zürich 2008.
Hampe, Michael: *Die Dritte Aufklärung*, Berlin 2018.
Han, Byung-Chul: *Vom Verschwinden der Rituale. Eine Topologie der Gegenwart,* Berlin 2019.
Han, Byung-Chul: *Undinge. Umbrüche der Lebenswelt,* Berlin 2021.
Harari, Yuval Noah: *Eine kurze Geschichte der Menschheit*, München 2019.
Häring, Norbert: *Die Abschaffung des Bargelds und die Folgen. Der Weg in die totale Kontrolle,* Köln 2016.
Hirsch, Ludwig: *Komm, großer schwarzer Vogel*, Polydor 1979.
Höffe, Otfried: *Medizin ohne Ethik?*, Frankfurt a. M. 2002.
Hotschnig, Alois: *Die Kinder beruhigte das nicht*, Köln 2006.
Hume, David: *Eine Untersuchung über die Prinzipien der Moral* [1751], Hamburg 2003.
Illouz, Eva: *Die Errettung der modernen Seele* [2008], Frankfurt a. M. 2018.
Ingold, Felix Philipp: *Freie Hand. Ein Vademecum durch kritische, poetische und private Wälder,* München 1996.
Ingold, Felix Philipp: *Körperblicke,* Graz 2019.
Jonas, Hans: *Das Prinzip Verantwortung* [1979], Frankfurt a. M. 2019.
Jünger, Ernst: *Das Haus der Briefe* [1951], in: Ders: *Heliopolis*, Stuttgart 2015.

Jünger, Friedrich Georg: *Sprache und Denken*, Frankfurt a. M.1962.
Kant, Immanuel: *Werkausgabe* (Hrsg. Wilhelm Weischedel), Frankfurt a. M. 1968.
Kaufhold, Martin (Hrsg.): *Große Reden der Weltgeschichte*, Köln 2011.
Kierkegaard, Søren: *Entweder – Oder* [1843], München 2019.
Klee, Ernst: *Deutsche Medizin im Dritten Reich. Karrieren vor und nach 1945,* Frankfurt a. M. 2001.
Kleeberg, Michael: *Der Idiot des 21. Jahrhunderts. Ein Diwan*, Berlin 2018.
Knubben, Thomas: *Mesmer oder Die Erkundung der dunklen Seite des Mondes*, Tübingen 2015.
Kurkow, Andrej: *Die Liebe des Präsidenten* [2004], Zürich 2005.
Latour, Bruno: *Das terrestrische Manifest* [2017], Berlin 2020.
Lévinas, Emmanuel: *Die Unvorhersehbarkeiten der Geschichte*, Freiburg i. Br. 2006.
Locke, John: *Zwei Abhandlungen über die Regierung* [1690], Frankfurt a. M. 1977.
Luhmann, Niklas: *Einführung in die Theorie der Gesellschaft* [Vorlesung 1992/93], Heidelberg 2009.
Mandeville, Bernard: *Die Bienenfabel oder Private Laster, öffentliche Vorteile*, Frankfurt a. M. 2018.
Marcel, Gabriel: *Das große Erbe*, Münster 1952.
Mau, Steffen: *Sortiermaschinen. Die Neuerfindung im 21. Jahrhundert*, München 2021.
McEwan Ian: *Die Kakerlake*, Zürich 2019.
Mill, John Stuart: *Utilitarismus* [1861], Hamburg 2006.
Morus, Thomas: *Utopia* [1516], Frankfurt a. M. 1992.
Nietzsche, Friedrich: *Sämtliche Werke, Kritische Studienausgabe* (Hrsg. Giorgio Colli und Mazzino Montinari), München 1988.
Nossack, Hans Erich: *Um es kurz zu machen* [1975], Frankfurt a. M. 1997.
Ortega y Gasset, José: *Der Aufstand der Massen* [1930], München 2012.
Pascal, Blaise: *Pensées* [1669], Heidelberg 1978.
Paz, Octavio: *Das Labyrinth der Einsamkeit* [1950/70], Frankfurt a. M. 2017.
Perec, Georges: *Denken / Ordnen* [1985], Zürich 2014.
Pfaller, Robert: *Die Einbildungen, das Zwiespältige, die Geselligkeit*, Wien 2020.
Pinker, Steven: *Aufklärung jetzt. Für Vernunft, Wissenschaft, Humanismus und Fortschritt,* Frankfurt a. M. 2018.

Ricœur, Paul: *Vom Text zur Person*, Hamburg 2005.
Sandel, Michael J.: *Plädoyer gegen die Perfektion. Ethik im Zeitalter der genetischen Technik*, Berlin 2008.
Sandel, Michael J.: *Vom Ende des Gemeinwohls. Wie die Leistungsgesellschaft unsere Demokratie zerreißt*, Frankfurt a. M. 2020.
Schuh, Franz: *Schwere Vorwürfe, schmutzige Wäsche*, Wien 2006.
Seel, Martin: *Theorien*, Frankfurt a. M. 2009.
Seneca: *Vom glücklichen Leben,* Stuttgart 2009.
Sennett, Richard: *Der flexible Mensch. Die Kultur des neuen Kapitalismus* [1998], Berlin 2000.
Serres, Michel: *Das eigentliche Übel* [2008], Berlin 2009.
Shubin, Neil: *Der Fisch in uns* [2008], Frankfurt a. M. 2018.
Simmel, Georg: *Philosophie des Geldes* [1900], Köln 2009.
Sloterdijk, Peter (et al.): *Gespräche über Gott, Geist und Geld* [2014], Freiburg i. Br. 2016.
Snyder, Timothy: *Und wie elektrische Schafe träumen wir. Humanität, Sexualität, Digitalität,* Wien 2020.
Spitzer, Manfred: *Digitale Demenz. Wie wir uns und unsere Kinder um den Verstand bringen*, München 2012.
Stirner, Max: *Der Einzige und sein Eigentum* [1844/45], Freiburg 2016.
Sterne, Laurence: *Leben und Ansichten des Tristram Shandy, Gentleman* [1759–1767], Berlin 2018.
Strauß, Botho: *Lichter der Toren*, München 2013.
Thaler, Richard H. / Sunstein Cass R.: *Nudge. Wie man kluge Entscheidungen anstößt* [2008], Berlin 2019.
Trojanow, Ilija: *Der überflüssige Mensch*, Salzburg 2013.
Tumler, Franz: *Landschaften und Erzählungen*, München 1974.
Van Reybrouck, David: *Gegen Wahlen. Warum Abstimmungen nicht demokratisch sind* [2013], Göttingen 2016.
Walser, Robert: *Kleine Dichtungen* [1914], Frankfurt a. M. 1985.
Weil, Simone: *Die Verwurzelung. Vorspiel zu einer Erklärung der Pflichten dem Menschen gegenüber* [1943], Zürich 2011.
Weil, Simone: *Aufmerksamkeit für das Alltägliche*, München 1994.
Wittgenstein, Ludwig: *Philosophische Untersuchungen* [1953], Frankfurt a. M. 2003.

Editorische Notiz

»Einstimmen« und »Evolution« finden sich in der Urfassung im Band *Gehen am Ort* (Eggingen 2011) und wurde vom Autor für dieses Buch neu gefasst. »Friedfertigung« wurde erstmals in DAS GEDICHT #29 (Weßling 2021) abgedruckt.

Inhalt

Markus Bundi, 1969 geboren, lebt heute in der Nähe von Zürich. Er studierte Philosophie und Germanistik, arbeitete als Sport- wie auch als Kulturredakteur und unterrichtet seit vielen Jahren an der Alten Kantonsschule Aarau. Seit 2001 publiziert er literarische und essayistische Texte. Zuletzt von ihm bei Septime erschienen: *Alte Bande* (Kriminalroman, 2019) sowie *Der Junge, der den Hauptbahnhof Zürich in die Luft sprengte* (Erzählungen, 2020) und *Die letzte Kolonie* (Roman, 2021). Für seine Arbeiten als Schriftsteller und Herausgeber wurde er mehrfach ausgezeichnet.

Markus Bundi
Alte Bande
Kriminalroman

480 Seiten

ISBN: 978-3-902711-82-3

Auch als E-Book

Am Stauwehr wird eine Wasserleiche gefunden. Der Fall entpuppt sich aber für Hauptkommissar Walle Troller schnell als unliebsam, er erkennt, dass sein langjähriger Kollege von der Sitte, Markowitsch, den Mord von langer Hand geplant hat. Alles ist so arrangiert, dass einzig Walles Zwillingsbruder als Täter infrage kommt, und er muss mitansehen, wie dieser zu Unrecht zu einer Gefängnisstrafe verurteilt wird. Der Hauptkommissar wird beurlaubt und fragt sich, ob er mit gut fünfzig und frisch geschieden bereits endgültig überholt worden ist. Während sich die Mordfälle häufen und die junge Kollegin Jette Hagen seine Stelle übernimmt, versucht sich Walle Troller allmählich selbst aus dem Sumpf zu ziehen, getreu dem Motto: Erst denken, dann schießen.

»Ein Glanzstück in Menschenzeichnung.«
Peter Henning, Aargauer Zeitung

Markus Bundi

Der Junge, der den Hauptbahnhof Zürich in die Luft sprengte

Erzählungen

144 Seiten

ISBN: 978-3-902711-89-2

Auch als E-Book

Was hat ein zweijähriger Hosenscheißer der Welt der Erwachsenen um ihn herum voraus? – So ziemlich alles.

Warum aber entschließt sich eine ältere Dame, sich künftig als sprechende Puppe zu verdingen? Und was umtreibt den Buckligen, der jeden Tag an derselben Tramhaltestelle den Bettler mimt? – Auf virtuose Weise zeigt Markus Bundi, dass die Motive des einen den Vorstellungen eines andern zuweilen aufs Krasseste zuwiderlaufen. Das gilt nicht zuletzt für den Jungen, der den Hauptbahnhof Zürich in die Luft sprengt, oder den Altenpfleger, der seinen liebsten Patienten verloren hat und jetzt unentschlossen vor dessen Abschiedsgeschenk, einem großen Paket mit unbekanntem Inhalt, sitzt.

»Bundis Sprache ist eine souveräne, ohne Manierismen, ohne übermässige Beschreibungen. Er lässt seine Charaktere eher karg im Raum stehen, um dann unvermittelt, bisweilen mit diebischer Freude, Pointen zu setzen.«

Jochen Overbeck, Berliner Tagesspiegel

Markus Bundi

Die letzte Kolonie

Roman

168 Seiten

ISBN: 978-3-99120-003-1

Auch als E-Book

Zu wenige Ressourcen für zu viele Menschen führen dazu, dass unter Tage eine Kolonie gegründet wird.

Die Überzähligen bilden fortan die Schicht der Untermenschen. In ihren Möglichkeiten kleingehalten, arbeitet die Kolonie in einem fortwährenden Dämmerzustand den Oberen zu – bis ein Experiment einige der Unterdrückten erwachen lässt, das Gleichgewicht zwischen oben und unten allmählich ins Wanken bringt. Während an der Oberfläche die Lebensbedingungen immer schlechter werden, treibt in der Unterwelt ein Todesengel sein Unwesen. Die Welt gerät ein weiteres oder vielleicht das letzte Mal aus den Fugen.

»Markus Bundis Roman besticht durch herrliche Beobachtungen und geistreiche Einfälle [...] tiefgründiger und besser als jeder Schweizer ›Tatort‹.«
Jürg Altwegg, Frankfurter Allgemeine Zeitung

»›Die letzte Kolonie‹ des Schweizer Schriftstellers Markus Bundi ist Slipstream vom Feinsten.«
Samuel Hamen, Deutschlandfunk

www.septime-verlag.at